高中学生生涯教育理论与实践探究

宋 跃◎著

中国纺织出版社有限公司

内容提要

本书通过梳理生涯教育的研究背景，探讨了高中学生生涯教育的重要性与迫切性，然后在此基础上，首先探求了高中学生生涯教育的概念、理论支持、发展历程及原则；其次，通过分析美国、英国、日本的高中学生生涯教育，探析了国外发达国家的经验；再次，结合我国高中学生生涯教育面临的现实与挑战，分析了高中学生生涯教育的问题症结并提出了建议；最后，从课程目标、课程资源开发、课程内容以及师资培育层面构建了高中学生生涯教育的课程体系，并提出了高中学生生涯教育的具体实施路径，同时结合实际案例探讨了高中学生生涯教育的具体应用。

图书在版编目（CIP）数据

高中学生生涯教育理论与实践探究 / 宋跃著. —— 北京：中国纺织出版社有限公司，2023.10
ISBN 978-7-5180-8750-1

Ⅰ. ①高… Ⅱ. ①宋… Ⅲ. ①高中生—职业选择—教学研究 Ⅳ. ①G635.5

中国国家版本馆 CIP 数据核字（2023）第 155683 号

责任编辑：王 慧　　责任校对：高 涵　　责任印制：储志伟

中国纺织出版社有限公司出版发行
地址：北京市朝阳区百子湾东旦 A407 号楼　邮政编码：100124
销售电话：010—67004422　传真：010—87155801
http://www.c-textilep.com
中国纺织出版社天猫旗舰店
官方微博 http://weibo.com/2119887771
天津千鹤文化传播有限公司印刷　各地新华书店经销
2023 年 10 月第 1 版第 1 次印刷
开本：787×1092　1/16　印张：12.25
字数：211 千字　定价：88.00 元

凡购本书，如有缺页、倒页、脱页，由本社图书营销中心调换

前　言

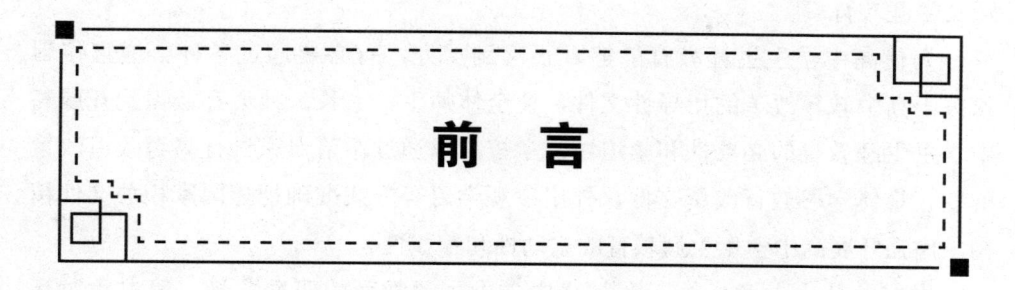

　　生涯教育在现代高中并非新生事物，它在高中发轫之初就已经萌芽。20世纪初，中等教育分化成初级和高级两个级别。高级中学为帮助毕业生顺利就业，开始探索对即将毕业的学生进行职业指导。后来，在加强职业指导的同时，高级中学还兼顾升学指导，使职业指导演变为生涯指导。随着高级中学越来越重视毕业生升学或就业与高中学业的关联，越来越重视学生学业成就与终身发展的关联，生涯指导又逐渐演变成生涯教育。在当今时代，生涯教育更是已经成为各级各类教育改革的热词。重视高中学生生涯教育，有着丰厚而现实的背景和基础，是一种在对社会发展、教育改革、人才培养等诸多现实问题进行综合考虑的基础上做出的理性选择。探讨高中学生生涯教育的研究背景，有助于从整体上把握高中学生生涯教育开展的必要性与可能性，形成探索高中学生生涯教育的理性自觉和内在认同。

　　2014年9月，国务院颁发了《关于深化考试招生制度改革的实施意见》。随后，浙江省和上海市的试点方案及高考改革方案出炉。虽然高考改革方案能增加学生的选择权，促进科学选才，但是对学生的选择能力而言是一个重大考验。高中学生生涯教育被认为是培养高中学生选择能力最有效的途径。正因为如此，以往默默无闻的高中学生生涯教育瞬间站上了教育改革的前台。其实，《国家中长期教育改革和发展规划纲要（2010—2020年）》早已提出，高中阶段教育要建立学生发展指导制度，加强对学生的理想、心理、学业等多方面指导。高中学生生涯教育是高中学生素质教育的重要组成部分，对于推动素质教育、促进学生全面发展有重要意义。只是高级中学在高考压力下，无心或无力顾及生涯教育。

为使高中学生生涯教育能够真正落到实处，有必要通过各种渠道宣传国家关于高中教育改革的指导性文件，使全体师生、家长、社会都认识到开展高中学生生涯教育的必要性和紧迫性。学校可以通过邀请专家进行高考改革政策解读、集体学习教育改革文件、外出参观学习等方式准确把握国家相关文件精神，增强开展高中学生生涯教育的主动性和积极性。

本书共分为七章。第一章是高中学生生涯教育的研究背景；第二章对高中学生生涯教育的理论基础进行了相对详尽的介绍，主要包括高中学生生涯教育的概念、理论支持、发展历程以及原则；第三章是国外发达国家高中学生生涯教育的经验借鉴，选取了美国、英国、日本的高中学生生涯教育作为研究对象，以期为我国高中学生生涯教育内容体系的构建提供参考；第四章是我国高中学生生涯教育面临的现实与挑战，基于我国高中学生生涯教育存在的现实问题提出了高中学生生涯教育的优化建议；第五章是我国高中学生生涯教育的课程体系构建，介绍了我国高中学生生涯教育的课程目标、课程资源开发、课程内容以及师资培育；第六章是我国高中学生生涯教育的实施路径，包括学科与生涯教育的创新融合、学生生涯的专业化评估以及开展特色的主题活动；第七章是我国高中学生生涯教育的实践研究，包括案例设计和案例的教学实施两部分。

笔者在撰写本书的过程中，参考、借鉴了一些相关著作与部分学者的理论研究成果，笔者在此向这些著作的作者和相关学者表示感谢。由于笔者精力与水平有限，书中难免存在疏漏与不足之处，望各位专家学者与广大读者批评指正，以使本书更加完善。

宋　跃

2023年4月

目 录

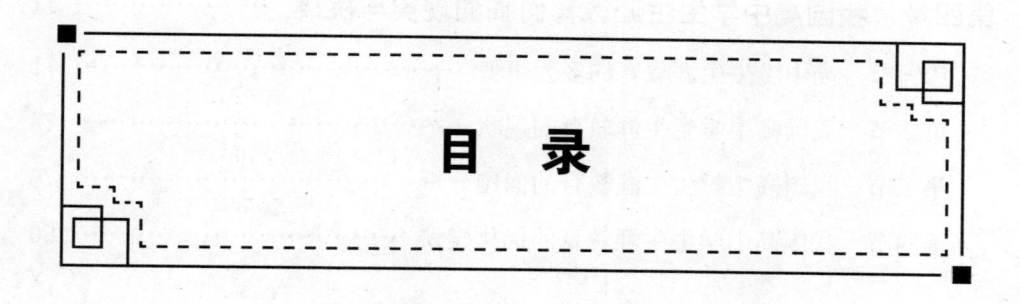

第一章　高中学生生涯教育的研究背景 ……………………………… 1
　第一节　经济社会发展的需要 …………………………………………… 1
　第二节　生涯教育加速了学生综合素养体系的养成 …………………… 4
　第三节　新高考改革迫切需要开展生涯教育 …………………………… 10
　第四节　学生未来职业选择的培养 ……………………………………… 13

第二章　高中学生生涯教育的理论基础 ……………………………… 16
　第一节　高中学生生涯教育的概念 ……………………………………… 16
　第二节　高中学生生涯教育的理论支持 ………………………………… 21
　第三节　生涯教育的发展历程 …………………………………………… 32
　第四节　高中学生生涯教育的原则 ……………………………………… 39

第三章　国外发达国家高中学生生涯教育的经验借鉴 ……………… 43
　第一节　美国高中学生生涯教育 ………………………………………… 43
　第二节　英国高中学生生涯教育 ………………………………………… 48

第三节　日本高中学生生涯教育 ………………………………… 53
　　第四节　美国、英国、日本高中学生生涯教育经验借鉴 ………… 56

第四章　我国高中学生生涯教育面临的现实与挑战 ……………………… 71
　　第一节　高中学生生涯教育的多元价值 …………………………… 71
　　第二节　我国高中学生生涯教育的现状 …………………………… 73
　　第三节　我国高中学生生涯教育的问题分析 ……………………… 76
　　第四节　我国高中学生生涯教育的优化建议 ……………………… 80

第五章　我国高中学生生涯教育的课程体系构建 ………………………… 89
　　第一节　我国高中学生生涯教育的课程目标 ……………………… 89
　　第二节　我国高中学生生涯教育的课程资源开发 ………………… 94
　　第三节　我国高中学生生涯教育的课程内容 ……………………… 102
　　第四节　我国高中学生生涯教育的师资培育 ……………………… 111

第六章　我国高中学生生涯教育的实施路径 ……………………………… 115
　　第一节　学科教学与高中学生生涯教育的创新融合 ……………… 115
　　第二节　学生生涯的专业化评估与指导 …………………………… 123
　　第三节　开展特色的主题活动 ……………………………………… 143

第七章　我国高中学生生涯教育的实践研究 ……………………………… 161
　　第一节　案例设计 …………………………………………………… 161
　　第二节　案例的教学实施 …………………………………………… 168

参考文献 ……………………………………………………………………… 185

后　　记 ……………………………………………………………………… 189

第一章 高中学生生涯教育的研究背景

第一节 经济社会发展的需要

教育与经济社会的关系是教育的基本关系之一，充分认识与准确把握教育与经济社会的关系是确保教育正常、顺畅发展的思想前提。改革开放以来，我国教育界对教育与经济社会之关系的基本认识大体上可归结为两句话，即教育既受经济社会制约，又反作用于经济社会。对教育与经济社会的关系进行再审思可以发现，从教育的社会属性来看，纯而又纯的教育并不存在。一方面，教育的发展需要相应的经济社会条件作为保障；另一方面，教育自身的变革，也在有力地回应和促进经济社会的发展。因此，真正有价值的教育活动或者教育变革，必须与社会的发展、时代的发展同频共振，必须顺应时代发展潮流，聚焦关键性问题，在主动建构和创新中实现教育改革与社会发展的和谐共鸣。从这个角度来说，探索高中学生生涯教育的转型和创新，必须立足于中国经济社会发展的现实环境，必须回应经济社会发展赋予教育的时代命题。

一、新时代创生的教育发展新格局

当今社会是互联网时代，是一个生产与消费一体化的时代，是一个社会主要矛盾发生根本转变的时代。这个时代的发展，不仅会在很大程度上重塑人们的生产和生活观念，也必然会对教育的发展提出新的要求，孕育教育改革与创新的新格局。综合而言，中国特色社会主义新时代，是不断创造美好生活、逐步实现全体人民共同富裕的时代，是实现中华民族伟大复兴中国梦的时代。在新的时代背景下，我国教育的发展也要有与之相适应的格局——全面、全方位、全人。[1]

从宏观的角度来讲，全面的教育格局是指新时代我国教育的发展要兼顾各级各类教育的发展。在新时代，要想实现各级各类教育的全面发展，贯彻落实教育发展的全面格局，实现"学有所教"的教育目标，需"答"好以下几个问题：第一，如何解决学前教育入园难、入园贵、入学率不高的问题，实现新时代"幼有所育"的目标；第二，如何做好义务教育阶段"控辍保学"工作，解决好"大班额"的教学问题；第三，如何将高中阶段教育纳入义务教育范围，建立中国特色高考招生制度体系；第四，如何实现高等教育普及化，加快建设"双一流"大学的步伐；第五，如何丰富和完善特殊教育、职业教育的现代化教育体系。从微观的角度来看，全面的教育格局是指每一所学校的发展都应有内涵、有特色，打破"千校一面"的单一办学形式，即实现学校办学形式由标准化向特色化、定制化方向发展。这是落实全面的教育格局所应积极思考的重要问题。

全方位的教育格局就是既要发展好国内的各级各类教育，使其全面协调发展；又要促进国际教育的发展，把引进优质国际教育资源与"一带一路"倡议相结合，推动中外人文交流；既要办好符合新时代发展规律又兼顾传统文化的学校教育，又要重视社会"大教育"中网络教育、继续教育、终身教育的发展，以加快构建学习型社会的步伐；既要促进城市教育、东部地区教育、优势群体教育和优质学校教育的稳步向前发展，又要加快农村教育、中西部地区教育、弱势群体教育和薄弱学校教育的发展步伐。全方位的教育发展格局契合新时代中国特色社会主义现代化建设的使命，是贯彻协调、开放、共享、可持续发展的教育理念，体现了构建人类命运共同体的大局意识。

---

[1] 缪仁票．普通高中生涯发展规划教育的探索［J］．中小学信息技术教育，2018（2）：148-150．

全人的教育格局是指教育发展的立足点是人的全面发展。全人的教育格局有两层内涵：一是指新时代教育的发展要兼顾每一个个体的发展，其强调的是教育的广度；二是指新时代教育要注重个体的全面发展，强调的是教育的深度。全面、全方位的教育发展归根到底是人的发展。人是处理和解决一切问题的最高出发点和最后落脚点，因此新时代教育的发展必须要立足于人。新时代教育如何解民众教育之所忧，如何增强民众对教育的获得感、安全感和幸福感，如何在人的德智体美劳全面发展的基础上进一步促进人的主体性、个性化的全面发展和社会关系的极大丰富，都将成为落实全人教育的重要议题。

全面、全方位和全人教育勾勒出新时代中国教育改革发展的新图景，三者是一个整体，其中处于关键和核心地位的是全人教育。这也就意味着新时代教育的发展，应该着力解决人才培养的改革创新问题，应该通过符合新时代气质和要求的高素质人才培养为新时代发展提供人力资源支撑。

二、新时代蕴含的人才培养新标准

从当前中国教育改革与发展的现实情况来看，人才培养改革问题已经上升为党和国家高度关注、全社会普遍关心的重要问题。无论是关于教育发展的重要文件还是党和国家领导人的重要讲话，都透露出对人才培养改革的高度关注。❶

在教育改革的过程中，如何培养高质量的人才逐渐成为教育领域思考和实践的关键问题。培养高质量人才，首先要确定新时代人才培养标准。概括来说，新时代人才是德智体美劳全面发展的、具有爱国奋斗精神的、能够担当民族复兴大任的强国一代。有学者对新时代人才的内涵进行了细化分析，认为新时代人才作为新时代的弄潮儿，是集诸多品质于一身的现代复合型人才，即有理想与立足现实有机统一的实干家、有本领与服务人民有机统一的奉献者、有担当与全球视野有机统一的搏击者、有自信与开拓进取有机统一的奋进者、有道德与政治意识有机统一的坚定者。也有人认为，新时代人才的基本内涵和根本要求就是要实现时代责任和历史使命的有机统一、价值认同和价值转化的有

---

❶ 刘瑞颜. 新高考背景下高中生生涯教育的意义及途径 [J]. 教育科学论坛，2018（2）：13-15.

机统一、"顶天"理想和"立地"实干的有机统一、坚守规范和勇于创新的有机统一、文化自信和政治自信的有机统一、中国贡献和世界贡献的有机统一。无论我们怎样界定新时代人才培养的标准，都应该注意到这种界定对学生自身精神意志、进取精神、成长态度的影响。也就是说，学生适应新时代发展的一切知识和技能都需要有一个前提性的条件，这个条件就是学生能够主动设计自己的人生，主动为实现预期的目标努力奋斗。

上述论述从两个层面论证了新时代教育改革发展过程中开展生涯教育的重要性：第一，新时代的人才培养标准是多样性的，在人才培养的过程中既要注重共性能力和素质的培养，又要注重个性化、特色化人才的培养，而学生的自我设计和选择，显然是非常重要的；第二，新时代发展赋予了人才培养新的要求和内涵，人才培养能否适应社会发展，一方面取决于教育质量，另一方面取决于学生个体的努力，而只有具备了良好的生涯规划能力，学生才能更好地思考和设计自己的人生发展之路，才能主动地将自我发展与社会发展有机融合，赋予人生发展以社会价值和道德意义。由此，从新时代中国经济社会发展的现实需要来看，开展高中学生生涯教育的创新和探索，是主动回应新时代教育改革和人才培养关键性问题的有效方式，也是培养高质量人才的现实需要。总而言之，一个不能够合理规划自我、设计自我、实现自我的人，将难以担负起时代发展赋予其的神圣使命。

此外，新时代人才培养标准中还有一种浓郁的道德追求，即将立德树人的根本任务贯彻落实到教育的每个角落，包括生涯教育在内的任何教育方式，都应该围绕立德树人这一根本任务开展。也就是说，新时代的生涯教育，不仅应该注重学生的知识与技能教育，更为重要的是要给予学生思想道德领域的科学引导，这对于重构新时代高中学生生涯教育具有直接的引导价值。

第二节 生涯教育加速了学生综合素养体系的养成

21世纪以来，随着知识经济、全球化和信息时代的到来，人们的生活、工作和学习方式在不断发生改变。在此背景下，只有明晰要"培养什么样的人"，即学生需要具备怎样的品质，国家才能在教育领域开展适当的教育教学变革，培养能应对时代挑战的人才，从而促进国家竞争力的提升，实现社会的整体发展和进步。这是全球面临的共同挑战，也是当前许多国家与地区、国际组织广为热议的主题。在这样的背景下，核心素养的概念应运而生，在教育领域掀起了基于核心素养的变革，促进了我国在素质教育成果的基础上进一步思考人的培养与发展问题。自党的十八大将立德树人确定为教育的根本任务后，我国组建了专家团队专门研究我国学生发展的核心素养，并成立了高中课程标准修订专家组，集中研究高中各学科的核心素养，旨在以核心素养理念重构高中课程体系，推进基础教育变革。❶

一、代表性核心素养框架对人才培养的论述

从本质上看，关注学生的核心素养，就是关注"教育要培养怎样的人"这一根本性问题。什么是学生的核心素养，如何培养学生的核心素养，这是当前全社会都在关注的热点话题。它不仅关系到国家、社会的发展，也关系到千千万万个家庭的未来。对于教育工作者而言，这也是其未来事业发展的重要导向，是一个必须清醒认识和细致思考的问题。

核心素养蕴含的思想由来已久。核心素养概念的演变与人类进步和社会发展密切相关，是社会生产力与生产方式发展变化的产物。从古至今，不同时代的思想家及学者们都曾经围绕人应该具备的核心素养进行过深入而全面的讨论。这些讨论反映的都是当时社会发展的需求，是当时的人们对"教育应培养什么样的人"这一问题的回答。在以农业经济形态为主导的古代社会背景下，人才培养重视道德品性；在以工业经济形态为主导的现代社会背景下，人才培养重视能力本位；而在以信息经济、低碳经济等经济形态为主导的当代社会背景下，人才培养则需要重视核心素养。在当今时代，只有强调核心素养才能培养出能自我实现、与社会和谐发展的高素质国民与世界公民。

如今，核心素养为世界各国普遍重视，是各国际组织与各国政府在进行

---

❶ 王浩宇.普通高中生涯教育的应为，难为与有为[J].教学与管理，2022（12）：47-49.

教育改革与课程改革时密切关注的热点。虽然各国际组织与各国政府在核心素养的具体表达方式存在差异，但其思想是共通的，即都重视公民的关键、必要素养，并且都强调核心素养的获得是一个持续、终身的学习过程。对核心素养的概念进行研究，对核心素养与相关概念之间的关系进行辨析，对核心素养概念引领下的课程与教学变革需求进行系统分析，可以帮助我们顺应当前联合国教科文组织等国际组织所倡导的教育改革的国际潮流与课程改革的世界发展趋势，了解当前世界通行的人才培养标准、规范和要求，在教育改革的大潮中更好地定位和谋划，为实现公平而有质量的教育，提升人才培养质量，促进每一个学生健康、幸福、全面地成长奠定基础，并持续推动教育改革发展，实现教育强国的最终价值。

全球化、现代化、信息化正在创造一个日益多样化和相互关联的知识经济时代，在机遇与挑战并存的背景下，各大国际组织从人才战略的高度相继开展并构建了核心素养的指标框架，以期回答"教育要培养什么样的人"这一重要问题。其中，深具国际影响力的经济合作与发展组织（Organization for Economic Co-operation and Development，简称"OECD"）、欧盟（European Union，简称"EU"）和联合国教科文组织（United Nations Educational, Scientific and Cultural Organization，简称"UNESCO"）分别构建了"成功生活和健全社会的核心素养指标框架""终身学习核心素养：欧洲参考框架""全球学习领域框架"三大核心素养指标框架（见表1-1、表1-2）。这三个框架设计了详细的核心素养维度和指标，并提出了一些可行的评价手段。对三大国际组织的核心素养指标框架进行对比分析，对于明确人才培养的目标和路径具有重要的意义。

表1-1 三大国际组织核心素养指标框架的基本情况

研究机构	OECD	EU	UNESCO
框架名称	成功生活和健全社会的核心素养指标框架	终身学习核心素养：欧洲参考框架	全球学习领域框架
涉及对象	儿童和成年人	义务教育与培训阶段结束之前的公民和学生	儿童和青少年
研究周期	1997—2004年	2000—2006年	2012—2013年

续 表

研究机构	OECD	EU	UNESCO
背景缘起	知识经济时代需要建构新的能力结构	促进欧洲社会融合与满足知识社会的需求	应对人类未来持续面临的学习危机
构建目标	个体成功的生活与社会的功能健全	成为全民终身学习并最具竞争力的经济体	建构理想的学习社会，创造更美好的人类生活

表1-2　三大国际组织核心素养框架的指标分类

方面	维度	指标	指标描述	国际组织		
				OECD	EU	UNESCO
全面发展	品德素养	公民意识	具有行使公民权利的能力、道德判断能力和正确的社会伦理的观念，懂得保护自己的权利和利益	√	√	√
		尊重与包容	能够尊重、接纳、理解和关爱他人，具有同情心，能够理解、尊重和包容人与事物的差异性和多样性	√	√	√
		环境意识与可持续发展思维	能够关心、理解自然与生态环境，具有可持续发展的未来观，理解未来社会是建立在生态、经济、社会文化可持续发展基础上的，具有环保与节约精神			√
	学习素养	数学素养	能够理解数学概念，运用数学知识和数学思维解决日常生活中的各种问题	√	√	
		科学素养	具有科学精神，能够掌握科学知识，运用科学知识确定问题和得出具有证据的结论	√	√	
	学习素养	母语能力	具备通过听、说、读、写等形式，运用母语进行理解、表达、解释、互动等方面的能力，尤其是语言综合运用能力	√	√	√
		外语能力	具备有效地运用外语进行交流、阅读和写作的能力			
		学会学习	具备根据自身需要独立地或与小组合作开展、组织学习的能力，具备方法与机会意识	√	√	√

续表

方面	维度	指标	指标描述	国际组织		
				OECD	EU	UNESCO
全面发展	身心素养	身体健康	具有健康的生活态度、生活方式和行为习惯，能够保持身体健康发展；具有安全意识，能够爱护自己			√
		心理健康（自我管理）	能够做到自尊自爱、积极主动，恰当地管理自己的情绪和行为，养成自律、自省的习惯；能够坚强地面对挫折，具有积极的情感体验	√	√	√
	审美素养	审美素养	能欣赏与享受艺术作品及表演，并借助与个人天赋相一致的手段来表现自己的艺术才华，愿意通过艺术上的自我表达和对文化生活的持续兴趣来培养审美能力		√	√
21世纪素养	非认知品质	沟通与交流能力	能够有效地与他人进行沟通与交流，与他人建立良好的关系	√		√
		团队合作能力	能够与团队合作实现共同目标，能够有效地管理与解决冲突	√	√	√
		国际意识与全球化思维	能够积极理解和欣赏世界各地的历史文化；能够以开放的、多维的思维方式看待世界，具有全球视野		√	
		问题解决能力	能够合理地思考和分析问题，有效地按照问题解决步骤处理和解决问题	√	√	√
		计划、组织与实施能力	能够在复杂的大环境中，基于目标进行规划与组织，并严格执行计划	√	√	
	认知品质	批判性思维	能够对各种问题、现象等进行反思和质疑，发现问题所在，具有批判精神和批判技能	√	√	√
		创新素养	具有主动进取的探索精神和好奇心，能够提出和实施新的想法，具有创新和冒险精神	√	√	√
		信息素养	能够运用信息通信技术有效地获取信息、分析评估信息、应用信息等；能够遵循信息获取和使用的道德规范或法律规范	√	√	

二、核心素养指标框架体系对生涯教育的重视

核心素养不仅是一种适应于当下的人才培养改革模式，也是教学改革的重要指导，是优化教师教与学行为的重要指南。通过对国内外不同种类的核心素养指标框架体系的分析，我们能够深刻感受国内外在教育改革过程中对于人才培养的共性要求。当我们用这样的眼光审视不同的核心素养指标框架体系时，就能够体会到它们字里行间折射出的对于生涯教育的重视。

一方面，生涯教育是许多国家和地区核心素养指标框架体系的共性内容。从国际形势来看，当前多数国家、地区与国际组织都认为，以个人发展和终身学习为主体的核心素养模型，应取代以学科知识结构为核心的传统课程标准，并且基于核心素养观对包括生涯教育在内的学校教育进行了系统反思，从而引发了一系列变革。虽然多数国家并未明确提出"基于核心素养观的生涯教育"这一理念，但是美国、澳大利亚、加拿大等发达国家的相关文件，均体现了在核心素养观下对生涯教育的思考，包括对生涯教育所要培养的核心素养的概述以及如何落实对这些核心素养的培养等。例如，澳大利亚在《生涯发展蓝图》中提出了个人规划、学习和工作探索、生涯建树3个领域的11项生涯规划能力，并将其作为生涯教育的目标；《加拿大生涯发展实践者的标准和指导：核心能力》从专业行为、人际交往能力、生涯发展知识、需求评估咨询4个方面对学生的生涯发展能力做出了规定与说明。

另一方面，核心素养培育与生涯教育在人才培养的内在追求上具有一致性。无论是核心素养体系还是生涯教育体系，其根本目的都在于培养学生的自主发展能力和终身发展能力，实现学生的全面发展和终身幸福。纵观各大国际组织、世界各国对核心素养内涵的理解，它们都把自主发展作为其重要组成部分。经济合作与发展组织率先提出的核心素养指标框架包括"能互动地使用工具、能在异质社会团体中互动、能自主行动"三个方面；美国制定的"21世纪素养框架"确立了核心素养的三个方面，包括"信息、媒介与技术素养""学习与创新素养""生活与职业素养"；2016年9月，《中国学生发展核心素养》在北京发布，该文件提出中国学生发展核心素养分为文化基础、自主发展、社会参与三个方面，综合表现为人文底蕴、科学精神、学会学习、健康生活、责任担当、实践创新六大素养；2017年9月，中共中央办公厅、国务院办公厅发布了《关于深化

教育体制机制改革的意见》，提出"要注重培养支撑终身发展、适应时代要求的关键能力。"可见，各个国际组织及世界各国对于核心素养（关键能力）的界定都涉及学生的自主发展问题，都将自主发展作为学生核心素养的重要组成部分。对于高中阶段的学生而言，自主发展不是通过现有的学科教学和课程体系能够真正实现的，只有通过合理的生涯教育，才能赋予学生合理规划自我、发展自我的意识，才能真正提升学生的自主发展能力，为学生核心素养的培育奠定基础。

由上文可知，核心素养是当前学校人才培养及课程与教学改革的重要指向标。从核心素养的角度审视高中学生生涯教育可以发现，一方面学校应该认识到学生合理规划自我、设计自我是一种重要的素养，并且是国内外众多核心素养指标框架体系中普遍涉及的重要素养；另一方面学生应该感受到，核心素养和生涯教育在人才培养的本质追求上是一致的，只有通过合理的生涯教育才能唤醒学生的自主发展意识，才能让学生主动追求自我、实现自我，这也是培养学生核心素养，促进学生全面发展的先决条件。

第三节 新高考改革迫切需要开展生涯教育

与高中学生生涯教育的开展关系最为密切的是高考制度的改革。在很多研究者看来，高考制度的改革在倒逼高中学生和学校加强对高中学生生涯教育重要性的认识。2014年9月，《国务院关于深化考试招生制度改革的实施意见》拉开了新一轮高考改革的序幕。新高考改革政策一经公布，就引起了社会各界的广泛关注。新高考改革政策在打破"一考定终身"的传统高考模式的同时，也带来了多重挑战。对于"选择高考科目"这一问题，率先试点的浙江、上海地区的学生和家长表现出相当的迷茫和焦虑，学校管理者和教师也出现了一定程度的混乱。随着新高考改革的推进，作为新高考改革重要实施主体的学校，面临着如何组织学校课程、如何帮助学生选定高考科目等现实而又紧迫的问题。在此背景下，以往默默无闻的生涯教育因其所具有的培养学生选择能力的重要作用，站上了新高考改革的前台，成为高中学生和学校适应新高考改革的必然选择。

一、新高考改革为学生带来生涯发展新挑战

传统高考背景下的生涯选择较为隐蔽，一般通过文理分科和高考前短时集中选择"两步走"的方式完成。但是，文理分科把复杂的人生选择简化，高考前短时集中选择把巨大的选择压力以较隐蔽的方式分散到家长和教师身上，导致很多学生在还不明白选择的意义及其对自身影响的情况下，就完成了选择的过程。虽然这种选择的持续时间较短，但是其影响相对滞后且深远，主要表现为大学阶段的迷茫和消沉，比较常见的是由于缺乏目标和责任感而停滞不前。这种选择不仅割裂了知识之间的联系，也割裂了学习与发展的关系。它的破坏性表现就是学生缺乏自主性，而自主性是把创造力潜能转化为创造力产品的关键所在。也就是说，学生自我选择的不坚定、不认可，产生的内驱力和自信心不足，直接导致了其适应不良和创造力不足。大学阶段的很多适应性问题，都是因为学生在高中阶段缺乏应有的自我认识、职业探索和专业探索能力，职业意识极为薄弱，对所选专业的认同感较差而造成的。一项关于高中学生专业填报的调查研究显示，我国高中学生在专业选择方面存在自我了解不深、专业定向模糊、自信心不足等问题，这些都与其生涯意识不强、生涯规划能力不足高度相关。新高考改革通过增加学生的选择权，把生涯探索期的迷茫与困惑前置，使自我探索和对未来的思考回归高中主体。这种前置和回归与高中学生生涯探索的任务是一致的，实质上是对教育本质的回归，是以人为本的体现，是对个性的尊重。然而，这种突然的回归却使原本致力于解决学业问题的学校、学生和家长感到措手不及。因此，高中学生生涯教育的重要意义开始凸显，其基本任务是着眼于学生在高中阶段所面临的成长与升学的特殊需求，培养学生以选择能力为核心的初步的人生规划能力，帮助他们顺利完成人生的初步选择。

二、生涯教育对于高中学生成长的价值

任何一种新型教育模式的价值都应该在解决实践问题的过程中得以彰显。新高考改革虽然凸显了学生合理选择、自主选择的重要性，但是现实调查表明，当今时代的高中学生对于如何合理选择和规划自我，普遍存在认知上的困惑和行为上的偏颇。随着时代的发展，当代高中学生在决策过程中能够体现出

自己做主的意识，但决策能力往往不足，这是高中学生生涯教育必须解决的重要问题。浙江省的调查显示，七成以上的高中学生认为在高考选科中起决定作用的人是自己。这说明高中学生在做决定的过程中非常重视自己的参与感，具有很强的自主意识，与新高考改革的方向，即把选择权还给学生的总体思路是一致的。然而，高中学生往往不懂得决策知识，不具备良好的决策能力，这就凸显了高中学生生涯教育的重要价值。

新高考改革形成了"分类考试、综合评价、多元录取"的模式。从深层次来说，这是建立科学、公正的人才选拔和培养体系的需要，也是迎接未来社会发展的必然趋势。多种选择、多种组合、多次考试和多元评价的方式，打破了传统高考"一考定终身"和"唯分数论"的惯常评价模式。但是，对于这种多元评价模式，在新的标准和评价观尚未形成之前，无论是学生还是学校，都很难在短时间内形成认同感，从而必然导致内在的不安全感和外在的评价压力，使多元评价产生许多不确定性。学校如何处理这种内外压力，如何引导学生进行选择，不仅是对新高考改革的回应，也是学校重新审视自己、重塑自我定位的过程。评价标准模糊和评价能力不足是新高考改革的最大障碍，传统高考制度下的评价标准虽然存在诸多不足之处，但是在形式上保证了考生平等竞争。多数调查者都认为高考是社会公平、公正的象征。但是，新高考改革通过多元评价、多元录取机制，能够落实机会公平、程序公平、形式公平，进而深入实现内容公平、实质公平，以达到科学选才、科学培养人才的目标。不过，面对新高考改革，学校在人才培养中还没有形成新的身份定位，高中教育工作者和管理者面临着如何定位自己，以及如何引导学生看待自己，也就是以何种态度对高中学生进行发展指导的问题，这也是当前高中学生生涯教育发展的现实挑战。

高中学生生涯教育在高中学生综合、全面地发展方面有着先进的理念和做法，是建立多元舞台、培养多元人才、展现多元通路的重要载体。目前，学校在多元评价意识和评价能力方面都存在不足，必须强化综合而全面发展的意识和能力；高中管理者和教育工作者由单一结果评判机制转向多元发展观，面临着多元人生观构建的挑战。"文理二分"及"唯分数论"的传统教育模式引发的知识和思维的割裂，不仅体现在学生身上，也体现在学科教师的教学过程之中，更体现在生涯教师和心理教师对其专业知识以及对未来职业的了解之上。新高考改革强调选择性、过程性、综合性，这就需要学校具备全面整合的生涯理念，具备多元的发展观念和过程性评价的能力。首先，学校应该看到，生涯教育不仅是让学生做好升学和就业的准备，还要让他们做好"过一种好的人生"的准备。其次，多元评价的核心在于尊重不同人的才华，为不同的人才提供发展路径，而教师作为过程评价的实施者，就要具备识别人才的能力，承担发现学生的不同才能，并为他们提供合适的舞台和路径的责任。最后，教师要有基本的职业知识和发展意识，要了解职业与学业的内在逻辑，指导学生理解职业是社会分工的产物，职业的价值及个人的劳动价值在交换的过程中得以体现，同时引导学生看到自己能做之事、可做之事，找到未来的发展方向，逐步建立自己与他人、社会、未来的联系，从而提升目标感和驱动力，达到新高考改革的目的。

第四节　学生未来职业选择的培养

从生涯教育的起源来看，其最初的价值在于教会学生合理就业，找到适合自己的职业。因此，讨论学生生涯教育问题，无法脱离学生未来对职业的选择。❶

随着社会的进步和发展，新型职业不断涌现，各个传统职业也在细化。面对层出不穷的职业，找到与自身兴趣相符的职业将会对个人乃至社会的发展起到强大的推动作用。在这一过程中，生涯教育起着重要的奠基作用。

一、信息时代造就的未来职业特征

在技术变革迅速席卷全球的当下，人们的生活发生了巨大的变化。技术不断改变着传统职业，创造着新的职业，使未来的职场充满了未知与不确定。传统的职业发展路径是线性的、按部就班的，人们按照学习、工作、升职、退休的顺序生活，关注职位、薪水、晋升、地位和权利。未来的职业发展是非线性的、个性化的，有很多不同的阶段，人们会更关注学习、工作、休闲、家庭

---

❶ 吴晓英.指向核心素养发展的高中生涯教育课程体系设计与创新（上）[J].教师教育论坛，2019（2）：20-23.

等因素。因此，在未来的职场，一些"不变"的能力素养显得尤为重要，包括能够不断适应变化、有成长性的专业能力，对技术的理解与运用能力，与人沟通、交流、合作的能力。上述分析意味着，在未来的职业选择中，综合性和可选择性成为重要的特征。综合性是指信息时代的职场，呼唤就业者的综合素质，只有注重综合素质的历练，才能在未来的职业竞争中取得胜利；可选择性是指未来的职业流动性将明显增强，就业者可以根据自己的实际情况灵活选择就业的内容和方式，长时间供职于同一家单位的情况将大幅减少。在这样的情况下，能否通过对各种因素的合理研判做出正确的职业选择，显然是十分重要的。

二、生涯教育对学生未来职业选择的意义

高中学生的生理、心理正经历着从少年向青年的转变，还未能对自己形成相对客观而稳定的评价和认识。此时，必须通过生涯教育帮助学生"唤醒自我"，建立积极的"自我概念"，以面对学业和成长的诸多压力。

在从工业社会向后工业社会转型，知识经济飞速发展的过程中，我们进入了充满了复杂性和不确定性的时代。时代的复杂性和不确定性也带来职业发展的不确定性，传统的相对单一和固定的生涯模式逐渐向小型化、分散化的无边界生涯模式转变，这意味着个体的职业生涯不再只是在单一组织中度过，而是通过跨越组织的内边界和外边界，实现不同岗位和角色之间的流动，即个体职业生涯成功与否不再单一地依赖于知识和技能，而是更强调组织环境对个体职业生涯的影响及个体对组织环境的适应性。伴随知识经济而来的无边界职业生涯发展现状，加大了青年把握环境的难度，需要青年从高中阶段开始提升自我的学习能力、管理能力及社会适应能力，以应对不断变化的劳动力市场的需求。同时，学校要加强高中学生生涯教育，引导高中学生由关注学科知识的学习转变为注重综合素养的提升，引导高中学生在关注当下具体的学习任务的同时，关注周围世界的变化，树立终身学习的理念。

总之，信息技术的高速发展以及社会人口的变化极大地改变了现代人生活和工作的方式，使获得一份永久性工作的日子一去不复返，每个人都生活在瞬息万变的社会浪潮中。挑战与机遇并存的时代对人的自我管理与发展提出了前所未有的要求。由此，高中学生生涯教育的意义日益凸显。高中阶段是学生通

过学校、社会、家庭等多种形式的教育获取对自身的性格、能力倾向、价值观等方面的认知、对社会职业进行了解、初步掌握生涯规划能力的关键时期，因此高中学生生涯教育对青少年一生的成长与发展有着举足轻重的影响。加强高中学生生涯教育，既是应对时代发展的需要，也是培养学生综合素养、促进学生全面发展的现实要求，对于学生更好地形成职业认知，提高职业选择能力也具有重要意义。

第二章 高中学生生涯教育的理论基础

第一节 高中学生生涯教育的概念

高中学生生涯教育经历了较长的发展时期，不同时期的教育与社会发展造就了人们对高中学生生涯教育的不同理解，形成不同的高中学生生涯教育观念，而要在新时代教育发展的宏观背景下审视高中学生生涯教育，首要的任务就是对高中学生生涯教育产生清晰而明确的认识。[1]

高中学生生涯教育的概念是高中学生生涯教育发展的基础支撑，是深化高中学生生涯教育的必经之路，是适应现代教育理念的根本诉求，而我国高中学生生涯教育概念相关文献寥若晨星，高中学生生涯教育概念系统化研究尚处于空白，因此明晰高中学生生涯教育概念迫在眉睫。

一、"生涯"与"生涯教育"

从词源学的角度来看，高中学生生涯教育中最重要的是"生涯"两个字，其英文为"career"。"career"这个词语最早的意思是驾驭赛马，后来渐渐发展为道路、人、事物所经历的一个途径，即人这一生发展的一个过程。随着人

---

[1] 马石宏. 高中语文教学助力学生生涯规划教育的策略探析 [J]. 学生电脑, 2021（2）: 1.

们思想观念的不断变化，一些人认为生涯就是一个人在工作生活中经历的所有职业或者说职位的一个代名词。简而言之，就是一个人一辈子供职、应职的过程。还有人认为生涯是一个人经历的一生，即工作、生活等一辈子经历的事物的统筹。南海、李金碧认为，应该从广义和狭义两个维度去理解生涯。广义的生涯，是指社会个体在其整个生命活动的时空中所经历的以接受教育（培训）与职业转换为主轴的一切活动的总和；狭义的生涯，既可以指社会个体在其某一段生命活动的时空里所经历的以教育（培训）与职业转换为主轴的一切活动的总和，也可以指社会个体在其某一生命活动的时空里所经历的以非教育（培训）与职业转换为主轴的一切活动的总和。

生涯教育源于20世纪后期的美国，是职业指导长期发展的产物。以往的职业指导所关注的焦点是人的知识技能与其所从事职业的匹配问题，诸如进行职业分析、为求职者提供就业信息和职业介绍服务等。后来，随着心理学的发展，尤其是心理测量的广泛应用，职业指导开始注意求职者的心理特征，不过注意力主要还是放在就业安置的范畴框架之内。第二次世界大战以后，职业指导作为充分利用人力资源、发挥人才作用的重要手段，开始与教育紧密结合，逐渐发展为生涯教育。生涯教育特别强调对学生职业观和价值观的教育，由原来的就业指导扩展到对整个人生的职业指导。

在生涯教育的动态演变中，不同时期对生涯教育有不同的理解。

生涯教育的创始人西德尼·马兰（Sidney Marland）认为，所有的教育都是生涯教育。典型的生涯教育应该含有四个方面的基本特征：强调职业教育是生涯教育的核心；强调每位从中学毕业的学生均具备继续升学或参与职业活动的准备；强调有关工作的教育与为工作而准备的教育，可运用各种不同的教学模式达成目标；强调教育应为个体拓展生涯选择的机会。该观点既是生涯教育概念的原初形态，也是对生涯教育概念的经典阐释，它不仅看到了所有教育都是服务于人的生涯成长或发展的，而且洞察到了生涯教育的核心内容是职业教育。

罗伯特·沃辛顿（Robert Worthington）认为，生涯教育是改变所有教育系统，以求造福全民的革命，它强调所有教育的经验、课程、教学及咨询，都是为个人将来经济独立、自我实现及敬业乐群所做的准备，它通过改善职业选择的技巧与获得职业技能的方式，完善教育的功能，使每位学生都能享受成功及美满的生活。该观点明确指出了生涯教育对于教育系统的革命性作用和意义，同时强调了生涯教育的目的是让每一位学生享受成功与美满。

美国职业协会1972年在推广教育工作报告书中指出，生涯教育是针对所有国民，从孩提时代至成年的整个教育过程。它能使学生对学习的目的有清楚的认识，并且对将来所要从事的工作具有热忱，这是整个教育事业的重心与目标。因此，需要运用教育家的智慧及家庭、社会的资源，以使整个生涯教育达到预期的目的。该观点强调了生涯教育对象的全民性和实施者的社会性，指出了生涯教育实施的时间段为从孩提时代开始到成年为止。

许永熹认为，生涯教育的主要内涵是协助个体认识实际的工作世界并探索自己可能的发展形态，以便做较佳的抉择、规划与准备，从而使自己在各阶段都过得适应与满足，并达成自我实现与社会实现。该观点也是目前比较普遍的对生涯教育的理解，认为生涯教育就是生涯辅导或生计辅导。

南海、李金碧认为，生涯教育包含个人一生全部的活动历程，它以有关工作的教育和为工作而准备的教育为载体，使每一个个体能认识自我，并且具有选择一种合适而有意义工作的决策能力和规划未来的能力，从而实践一个有理想、有目标的人生；生涯教育的最终结果旨在让每一个人享受成功及美满的人生，过上适合自身特点的美满生活。从教育的内容、目的和时间上来说，该观点是对上述其他观点的综合，具有比较强的概括性。

本书认为，综合生涯教育的相关概念，结合当前国内高中阶段课程与教学改革的基本形式，可以从广义和狭义两个维度理解生涯教育。广义的生涯教育，是指社会个体在其整个生命活动的时空中所接受的，以认识自我与职业，以规划未来生涯为主要内容的一切教育活动。狭义的生涯教育，主要指社会个体在其某一段生命活动的时空里所接受的，以认识自我与职业，以规划未来生涯为核心内容的一切教育活动，也可以指社会个体在其某一生命活动的时空里所接受的，以认识自我与非职业认知-规划为核心内容的教育培训活动。通常我们所说的生涯教育属于狭义上的生涯教育，是渗透于课程教学并与学生的职业觉察、探索和准备等内容密切相关的学校教育的一个有机组成部分。

二、生涯教育的相关概念

生涯教育、职业教育、生涯辅导、职业指导4个概念既相互联系又相互区别。

（一）生涯教育与职业教育

职业教育起源于18世纪60年代的欧洲。根据《国际教育标准分类法》，职业教育主要是为引导学生掌握在特定的职业或行业中所需的实际技能、知识和认识而设计的教育。它根据社会与经济发展的需求，针对个体就业的要求，为个体提供从事职业所必需的特定的职业能力教育。因此，从教育目的来说，生涯教育旨在制定个体一生的发展历程，而职业教育注重培养个体的职业能力；从教育的受众来说，职业教育面向较为成熟的个体，是为了培养技术应用型与技能型人才，而生涯教育强调的是所有的职业教育均应融合于学生的所有阶段，是从孩提时代就开始的教育。

尽管两者有着本质上的区别，但是生涯教育与职业教育又是相辅相成的。职业教育弥补了生涯教育过于注重个人未来发展的问题，生涯教育弥补了职业教育过于注重学习职业技能与知识的现象。新西兰将职业教育与培养学生终身职业发展能力的生涯教育相融合，从而适应了现代社会职业技能学习的要求，促进了学生素质的全面提升。谷峪、姚树伟更是指出，生涯教育是对职业教育更深层次的理解和规划，生涯教育不仅注重把学生培养成具有较高职业综合水平的劳动者，更侧重于学生创业意识与技能的培养，注重学生职业精神和职业情感的培养，使学生成为一个能够合理规划职业发展前景的人。

（二）生涯教育与生涯辅导

随着生涯教育理念的提出，生涯辅导以落实措施的姿态应运而生。生涯辅导指的是根据一套系统性的辅导计划，通过辅导人员的协助，引导个体探究、评价与整合运用从学校、家庭、社会获得的有关知识或经验的促进个人生涯发展的活动。这些知识或经验不仅包括个体的自我兴趣，还包括潜能与职业需求信息等生涯规划与决策所必需的各种因素。

生涯辅导是生涯教育的重要组成部分，侧重于协助学生度过某个生涯发展阶段。更具体地说，当个体面临生涯发展困境或想要更好地发展时，如在确立事业发展方向、确立激励自己工作欲望的价值观、离开学校教育系统后抉择是否继续接受教育等问题的时候，就需要寻求生涯辅导。换言之，生涯辅导可以帮助不同年龄层的个体、不同社会阶层的个体顺利度过生涯发展的各个阶段。

（三）生涯教育与职业指导

与生涯辅导相比，职业指导是帮助学生学会根据自身特点与社会需要，选择职业、获得职业、适应职业、改进职业等，其强调的是个体与职业的契合度，是局限于一定范围内的、短期的指导。生涯辅导以尊重个体的个性和发展为目标，以个体生命历程中职业的生涯发展为核心，关心个体一生中的教育与职业。从职业指导发展为生涯辅导，是以发展的职业观取代静止的职业观，是从关注职业发展早期过渡到关注职业的终身发展。

从生涯教育与职业教育、生涯辅导、职业指导等概念的辨析看，生涯教育与其相关概念既存在内涵上的一致性，也在具体的内容、方法、重心上存在细微的差别。

三、高中学生生涯教育

高中学生生涯教育，顾名思义就是对高中学生实施的生涯教育，它既要符合生涯教育的基本理念，涵盖生涯教育的基本内涵和要求，又要充分考虑高中学生的基本特点，在教育的内容、方式、理念等方面进行科学的设计。

全球化、知识经济和信息技术的突飞猛进是当今世界的时代特征，更是未来世界的时代特征。作为对时代的回应，学校日益重视学生在生活、工作和学习中协调各种选择与决策的责任，更加强调学生在面对自身的发展、转变以及不可预测的挑战时谋求解决策略的灵活性和安全性。因此，生涯管理素养成为学校育人目标中不可或缺的重要组成部分。帮助学生发展生涯管理素养，将有助于他们在一生中处理好与学业、就业及生活前途相关的各种问题。

对于高中学生而言，专业或职业方向的选择不仅是其职业生涯的起点，也是关涉其未来生活满意度的重要事件。不过在现实中我们可以发现，一些高中学生在选择专业时十分茫然，进入大学后对自己所学的专业认同度很低。2014年，凸显学生选择性的新高考制度在上海市和浙江省两地开始试点。随着选科选考的推进，生涯教育作为实施选择性教育的载体被越来越多的学校所重视。生涯教育毫无疑问已经成为在高考改革过程中重新孕育起来的重要教育内容与教育方略，它既是一个帮助高中学生首次寻找理想专业及职业的过程，也是一个帮助高中学生认识自我、优化自我和完善自我的过程。因此，倡导高中学生生涯教育的变革具有重要的理论和现实意义，理应成为高中课程与教学系统改革过程中不可或缺的重要元素。

第二节　高中学生生涯教育的理论支持

教育理论与教育实践的关系是教育学领域的一个基本问题，是一个常谈常新的问题，也是一个亟待解决的问题。多年来，许多学者从不同角度、不同层面对此问题给予了不同解答，具有代表性的观点有"指导说""中介说""实践优先说""统一说"和"双向滋养说"等。这些观点的确为教育理论与教育实践关系这一问题的解决提供了丰富的理论视角，也在当前的基础教育改革实践中有一定的体现。不论我们怎样解读教育理论与教育实践的关系，一个基本的价值判断是肯定的，即教育的实践变革离不开相应的理论支持，只有具备厚实的理论基础，才能在思想上给予教育实践者变革的信心和勇气，也才能让教育实践改革成功的可能性大大提升。特别是对于高中教师而言，理论知识的相对不足往往会带给他们教育实践变革的畏难情绪，而一旦他们从已有的理论研究中找到教育实践变革的理论支撑，就会集聚起行动的信心。这种理论工作与实践探索之间的"合作关系"，应该是当前中小学教育教学改革的常态。❶

纵观世界生涯教育的演变历史，在生涯教育从人职匹配的职业指导阶段发展到关注个体全面发展和终生发展的生涯教育阶段的过程中，形成了较多影响

---

❶ 顾雪英，魏善春. 新高考背景下普通高中生涯教育：现实意义、价值诉求与体系建构[J]. 江苏高教，2019（6）：44-50.

深远的理论，为高中学生生涯教育改革提供了理论支持。根据时间的推演及其重要程度，大致可以将这些理论分为三类，即选择与匹配理论、生涯发展理论及生涯决策理论。其中，选择与匹配理论是以人和事的结合为核心；生涯发展理论则以生活阶段为关键点；生涯决策理论与前两者有相同之处，但主要侧重点在于生涯决策的历程与形态。

一、选择与匹配理论

（一）特质因素理论

特质因素理论是由帕森斯（Parsons）创立的。特质是指个体的人格特征，包括能力倾向、兴趣、价值观、人格等，这些都可以通过心理测量工具来测量。因素指的是在工作上要取得成功所必须具备的条件或资格，可通过对工作的分析进行了解。在帕森斯看来，个体都有自己独特的人格模式，每种人格模式都有与其相适应的职业类型。因此，该理论的体系假设为，世界上的每个个体都具有自己独特的能力模式与人格特质，而这些不同的能力模式与人格特质又与某些特定职业存在着相关性。每个个体都有选择职业的机会，都可在认识并了解个体主观条件和社会职位需求条件的基础上，将两者进行对照，最后选择与个人特质相匹配的职业。

职业成功的可能性依赖于个人特质与工作要求配合的紧密程度，两者越契合，取得职业成功的可能性就越大。所以特质因素理论的重点在于，在选择一种职业的时候，有三个明显的因素：准确地了解自己；懂得在不同的领域获得成功所需要的条件和环境；对于这两部分事实相互关系的准确认知。据此，可将人职匹配分为两种类型。

第一，因素匹配（活找人），指对专门技术和专业知识有要求的职业与掌握该种专门技术和专业知识的择业者相匹配，或者劳动条件很差的职业与具有吃苦耐劳、体格健壮特点的劳动者相匹配。

第二，特性匹配（人找活），如具有敏感、易动感情、不守常规、个性强、理想主义等人格特性的人，宜于从事审美性、自我情感表达的艺术创作类职业。

特质因素理论以测量工具和方法对个体的特性进行测评，主要强调个体具有的特性与职业需求的素质、技能之间的匹配性。尽管这是最早的职业生涯规划理论，但是对那些自我概念清晰、意识到职业选择并且有工作经历的人来说，特质因素理论的效果仍然显著。但是，该理论也具有其局限性，就是在强调个人特质与工作需求相匹配的同时，忽略了社会因素对职业选择的影响。

（二）霍兰德的生涯类型理论

生涯类型理论是美国霍普金斯大学心理学教授霍兰德（Holland）于1971年提出的，是在帕森斯的特质因素理论基础上发展起来的理论。该理论统合了职业意图、职业兴趣、人格等重要知识，认为职业选择是个人特质的反映。

该理论主要解决两方面问题：个体与环境的哪些特征可以提高生涯决定、生涯投入、生涯成就的满意度；个体与环境的哪些特征可以影响个体的工作稳定程度。为解决以上问题，霍兰德提出了6项基本原则：任何一种职业的选择，都是人格的表现；既然职业兴趣是人格的表现形式，那么职业兴趣测验就是一种人格测验；对职业的刻板印象是可靠的，而且具有心理与社会的意义；从事相同职业的个体，有相似的人格与个人发展史；从事同一职业的个体有相似的人格，他们对各种情境或问题的反应也大致相似；个体的职业满意度、职业稳定度与职业成就取决于个体的人格和工作环境之间的匹配性。

其后，他将美国社会中的职业分为六大类型，并提出了一系列的假设。

①在美国的文化中，个人特质可以归类为现实型（realistic）、研究型（investigative）、艺术型（artisti）、社会型（social）、企业型（enterprising）及常规型（conventional）6种，根据6种类型的英文首字母可以分别简称为R、I、A、S、E、C型。

②在美国社会，存在与上述个人特质类型相对应的6种环境类型。

③个体都要追求某类工作环境，在这类工作环境中，个体能够发挥特长、实现价值、解决问题或胜任任务。

④个体的行为由人格和环境的交互作用决定，当人格类型与职业环境类型协调一致时，个体的工作满意度和工作绩效都会提高。

这六大类型的首字母按照一个固有的顺序排成一个六角形（图2-1），显示出该理论的精华。

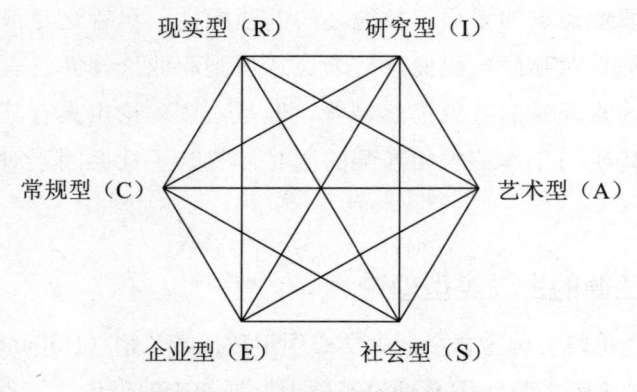

```
            现实型（R）      研究型（I）



    常规型（C）                    艺术型（A）



            企业型（E）      社会型（S）
```

图 2-1 霍兰德的六角形模型

在理论假设的基础上，霍兰德提出人格特质类型与职业类型的匹配模式，认为人格特质类型与职业类型处于匹配状态，劳动者就找到了合适的职业岗位，职业岗位就获得了适宜的人才，劳动者的才能与积极性便会得以很好的发挥。6种人格特质类型与6种职业类型的具体内容见表2-1。

表 2-1 人格特质类型与职业类型的匹配模型

类型	个性特点	职业特点	主要职业
现实型	动手能力强，动作灵活，愿意使用工具从事操作性工作，偏好从事具体事务，不善言辞；机械呆板，体格健壮，不善于处理人际关系	需要体力，需要运用工具或操作工具	木工、电气工程师、建筑工程师、运动员、电工、测绘员
研究型	思考问题透彻清晰，独立，富有创造性，知识渊博，不善于领导他人；好奇心强，个性内向	科学研究和科学实验	生物学家、化学家、地理学家、医学技术人员、心理学家、自然科学与社会科学方面的研发人员
艺术型	有创造力，乐于创造新颖、与众不同的作品，渴望表现自己的个性，实现自身价值	单独工作，长时间苦干	艺术家、作家、摄影师、节目主持人、演员、广告管理人员
社会型	责任感强，乐于助人，有人际交往能力，渴望发挥自己的社会作用	高水平地与人沟通	教师、行政人员、医护人员、社会工作者、管理人员

续 表

类型	个性特点	职业特点	主要职业
企业型	追求权力、权威和物质财富，喜欢竞争，敢冒风险，精力充沛，善交际，有口才	善于口头表达，能影响他人，能组织他人共同完成任务	企业家、金融家、律师、政府官员、经理、采购人员
常规型	尊重权威、喜欢按计划办事，习惯接受他人领导，不喜欢冒风险，工作踏实，责任心强，依赖性强	各类与文件档案、图书资料、统计报表相关的工作	会计、出纳、速记员、统计员、秘书、文书、图书馆管理员、审计员

霍兰德的生涯类型理论为高中学生生涯教育的发展提供了重要的理念，即将个人的人格特质与适合这一人格特质的工作联结起来。借助霍兰德的理论，个体能够迅速、系统地在一个特定的职业群里进行职业探索活动。

（三）选择与匹配理论与高中学生生涯发展

大部分学者都认可通过协助学生进行自我探索、生涯探索，拟订生涯规划和做出生涯决策，促进学生的潜能开发，而这正是选择与匹配理论所强调的选择工作最重要的三步，即：认识自我，包括兴趣、人格、价值观等；认识工作世界，包括职业信息、职业要素、职业分类等；整合自我与工作世界，包括确定职业方向，明确行动计划。因此，应将选择与匹配理论与高中学生生涯发展相融合，引导学生在高中阶段的学习中注重对自我的评价以及对职业环境要求信息的收集与整理，并在此基础上，发展学生的自我评价、自我决策能力，从而使学生主动融入未来的学习成长环境之中，成就自身的生涯发展，这也是高中学生生涯教育取得成效的关键所在。

二、生涯发展理论

自帕森斯提出了特质因素理论后，其后半个世纪，生涯教育相关理论的发展基本都在特质因素理论的架构下进行，很少有学者对生涯发展问题感兴趣。金斯伯格（Ginzburg）和舒伯（Super）的出现，让生涯发展的概念取代了职业指导的模式。与选择与匹配理论不同，生涯发展理论，其实就是关于阶段的理论，也就是"到什么时候做什么事情"的理论。该理论从个体的角度，以发展的眼光探讨自我概念的形成，明确个体每个阶段的议题与任务，为个体的职业

选择和生命意义的丰富提供了更多的可能。❶

（一）金斯伯格的生涯发展阶段理论

金斯伯格受生命阶段学说的启发，对生涯发展进行了长时间的实证研究。在他看来，个体在进行职业选择时，不仅要考虑自身的兴趣、能力与价值观的发展，还要与社会需要之间实现平衡。他的理论主要包含以下几方面内容：第一，职业选择是一个连续的、长期的过程；第二，职业选择的过程不可缺少且不可逆转，并且是由一系列起决定性作用的阶段构成的；第三，个体的职业行为来自个体的早期生活并随着时间不断发展；第四，职业选择显示的是个体在职业理想与现实中的妥协。他将职业生涯发展分为三个阶段：幻想期、探索期、现实期。

①幻想期（11岁之前）。该阶段个体的职业心理纯粹由自身的兴趣爱好所决定，具有较强的情境性。处于这一阶段的个体对世界与其所能够看到的、接触到的各类职业充满好奇，幻想自己将来所从事的职业工作，并在游戏中扮演自己所喜欢的职业工作者，而不是对自身条件、能力水平、社会需求、机会机遇进行现实的评估。

②探索期（11~17岁）。该阶段个体的职业心理仍被主观因素主导，希望未来从事的职业与自己的爱好相关联。在该阶段，个体的身心快速成长，独立意识、价值观念开始形成，知识、能力显著增强，并初步懂得社会生产与生活的经验。因而，个体开始客观地审视自身兴趣、条件、能力与价值观，关注职业本身的社会地位和社会需求。

③现实期（17岁之后）。该阶段是个体正式的职业选择决策阶段，最大的特点是客观并讲求实际，寻找适合自己的职业生涯角色。该阶段个体的职业需求不再模糊，为实现特定的职业目标，个体会从现实出发，进行一种折中的选择和调试。

金斯伯格还指出，生涯发展的各个阶段之间相互关联，如果不能完成某一阶段的任务，就会影响下一阶段目标的实现，最终导致在职业选择时遇到障碍。但是，金斯伯格的观点并不科学，他侧重于青少年时期，对个体一生的生

---

❶ 阮巧玲.依托学生社团，开展高中生职业生涯教育实践[J].中小学心理健康教育，2019（9）：28-29.

涯发展的研究并不合理。金斯伯格的贡献在于加强了研究者们对生涯发展阶段性的认识，生涯发展理论的集大成者舒伯，正是受到了他的影响。

（二）舒伯的职业生涯发展理论

20世纪50年代，舒伯受前人理论的启发，运用差异心理学、发展心理学与职业社会等研究视角进行综合研究，提出了职业生涯发展理论。在舒伯看来，个体的职业生涯发展可以分为5个阶段，即成长阶段、探索阶段、建立阶段、维持阶段与衰退阶段，并由此提出了各阶段的发展特点与注意事项（见表2-2）。

表2-2 舒伯提出的职业生涯发展阶段

阶段	年龄	发展任务	阶段特征
成长阶段	0～14岁	自我概念形成；对工作世界开始形成正确的态度	根据学校、家庭、他人的认同结果，个体日趋成熟的自我概念得以发展；需求与幻想成为该时期的主要特质；随着年龄增长，学习行为出现，社会参与程度增强，对社会现实逐渐产生兴趣。该阶段又可分为三个具体阶段：①幻想期（4～10岁）：以需求为中心，以游戏、幻想等方式来发展对职业角色的认同；②兴趣期（11～12岁）：以兴趣为中心，理解、评价职业，并发展职业爱好与兴趣；③能力期（13～14岁）：以能力为中心，考虑职业所需要的条件与自身能力的差距，并进行能力培养
探索阶段	15～24岁	实现职业偏好；发展自我概念；开创学习机会	通过学校学习、休闲活动、实践工作等活动，进行自我考察、角色探索与职业探索。该阶段又可分为三个具体阶段。①试探期（15～17岁）：综合自身的意愿、兴趣、能力、就业机会，对职业发展方向做初步的判断，对未来职业进行暂时性选择；②过渡期（18～21岁）：个体正式进入劳动力市场或者进入专业教育培训期，在现实与环境中，寻求自我概念实现，并进行特定的选择；③尝试期（22～24岁）：初步进行职业选择，试探其作为终生职业的可能性，并对职业目标的可行性进行验证

续 表

阶段	年龄	发展任务	阶段特征
建立阶段	25～44岁	找寻机会从事个体想做的事；学习与他人建立某种联系；探求专业的扎实和精进；确保工作的安全与稳固	确定真正适合自己的职业领域，并建立稳固的职业地位。在该阶段初期个体会进行"试验"，从而确定职业选择与决定是否正确，并逐渐在某种职业上稳定下来。该阶段又可分为两个具体阶段：①适应期（25～30岁）：寻求安定，也可因满意程度进行略微的调整或者回到探索阶段重新规划。②晋升期（31～44岁）：致力于使职业实现稳固与安定。该阶段的大多数人都处于富有创造性的时期，身负重大责任
维持阶段	45～64岁	客观地接受自身条件的局限；良好地应对工作难题；发展新技巧；专注本职工作；维持既有的职业地位与成就	个体根据既定目标，力求保有已取得的成就和社会地位，较少有创意与新意
衰退阶段	65岁以后	发展职业外角色；学习并适应退休人员的运动；做以前想做的事；减少工作时间	精力、体力逐渐衰退，退离工作岗位，发展新角色。该阶段可分为两个具体阶段：①减速（65～70岁）：工作效率变缓，改变工作责任或性质以适应逐渐衰退的体力与心理。许多人会找兼职工作代替全职工作；②退休（71岁～死亡）：停止原有工作，转移精力

从成长阶段、探索阶段、建立阶段、维持阶段到衰退阶段的生命全程式发展标记着一个人生涯成熟的程度。换言之，在该理论的每一阶段都有特定的发展任务需完成，在每一阶段都需达到一定的发展水平或成就水准，而前一阶段发展任务的达成与否关系到后一阶段的发展。例如，对于45～64岁的中年人而言，他所处的发展阶段是维持阶段，其生涯发展任务应该是客观地接受自身条件的局限，专注于本职工作，并维持既有的职业地位与成就。这反映了个体在生理与社会层面的成熟程度，也是社会期待个体在其生涯发展阶段中呈现的水平。

在提出职业生涯发展理论后，舒伯对发展任务的看法又向前跨了一步。他认为在个体一生的生涯发展中面对成长、探索、建立、维持和衰退的问题，形成了"成长—探索—建立—维持—衰退"的循环。例如，一个高中学生正处于生涯的探索阶段，他首先必须适应新的角色与学习环境，经过成长与探索，然后建立一定的适应模式来维持高中阶段的学习生活；之后，他又要开始面对另一个阶段，此时此前原有的惯用模式会逐渐"衰退"，新阶段的任务又会开始新一轮的循环，周而复始。

（三）生涯发展理论与高中生生涯发展

生涯发展理论所体现的就是个体的生涯成长是按照一个固定的序列发展的，是一个不断发展、循序渐进的过程，并且每一个个体在不同的年龄阶段中，有不同的角色和任务。个体在进行生涯设计和职业选择时，不仅要考虑自身的兴趣、能力与价值观的发展，还要与社会需要之间实现平衡，这样的生涯设计与职业选择过程是由一系列起决定性作用的阶段构成的。高中学生所处的阶段正是探索阶段，高中学生会通过学校学习、休闲活动、实践工作等活动，认识到自身对工作的需求，认识到自我兴趣、自身能力与价值观的重要性，并将能力与兴趣相整合，进一步细化职业选择，形成较为清晰的未来发展方向。因此，在这个时期，对职业生涯之路进行合理规划，不但可以帮助高中学生树立正确的职业认知与发展导向，而且对于高中学生今后的职业选择也有重要价值，特别是能够帮助高中学生缩短职业适应期，减少职业试错过程，这对高中学生今后的职业成功及其对社会的贡献都大有助益。

三、生涯决策理论

研究生涯发展的学者们一直重视和关心的主题之一就是影响个体生涯决定或者生涯选择的原因。学者们关注的重点互有差异，大致来说，社会学家比较关注社会环境对个体的影响，而心理学家则比较关注个体的内在发展。克朗伯兹（Krumboltz）的社会学习理论则兼顾了社会学和心理学的观点，彼得森（Peterson）的认知信息加工理论则主张通过认知生涯选择的内涵，帮助个体提高生涯选择的能力，从而做出正确的生涯选择。

（一）克朗伯兹的社会学习理论

社会学习理论的论点主要在于个体在经历了环境的制约及强化特性后，会主动根据自己的行为目标以及需要做出适当的控制。

克朗伯兹的社会学习理论，试图解释个体的职业兴趣、技能是如何形成的，以及这些兴趣和技能是如何影响个体对职业或工作领域的选择的。换言之，在他看来，个体的许多选择在很大程度上受外界环境的控制和影响。在此基础上，他提出了职业选择的4种影响因素（见表2-3）。

表2-3　克朗伯兹提出的职业选择4种影响因素

因素名称		具体内涵
遗传因素与特殊能力	遗传因素	个体先天获得的各种特质，在某种程度上限制个体对职业或教育的选择，如种族、性别、外貌等
	特殊能力	如智力、音乐能力、艺术能力、运动能力等特殊能力，可拓展或者限制个体的学习经验与选择自由
环境的背景与事件		环境的背景与事件会影响到个体的职业生涯选择，如工作机会的数量与性质、劳动基准法的规定、劳务市场、制度政策、技术发展、战争或自然灾害、社会舆论等
学习经验		个体独特的学习经验（工具性学习和联结性学习），在决定个体的生涯发展方向时扮演着重要角色。在工具性学习中，个体直接对环境产生影响，得到可观测到的结果；在联结性学习中，个体观测事物之间的联系，并预测其间的关系
工作取向技能		遗传因素、特殊能力因素、不同的学习经验以及社会上的各种影响因素，都会以一种交互影响的方式锻炼出个体特有的工作取向技能

4种影响因素之间交互作用，通过经验的累积与提炼，产生4种结果：一是自我认识的形成。个体会对自己的表现做出评估与推论，包括成就、兴趣、爱好、职业价值观等。二是世界观的形成。基于个体的学习经验，个体会对环境与未来事物做出评估与推论。三是工作能力的形成。个体在学习中培养自身能力，其中与职业选择有关的关系包括价值观念的澄清、目标的决策、资料的收集等能力。四是行动。个体通过综合以前所有的学习经验、对自我与环境的推论，以及具备的各种能力，从而决定自身的行动。

社会学习理论是从社会学习的角度来论述个体生涯选择的行为，其所强调的正是社会影响因素和学习经验。生涯教育不仅仅使个人特质与工作相匹配，其重点在于使个体通过参与各种不同性质的活动，获得多种多样的学习经验，并拓展个体的兴趣，培养个体的自我信念和世界观。

（二）彼得森的认知信息加工理论

认知信息加工理论让关注生涯发展的研究者从关注生涯选择结果适当与否转变为关注生涯选择的历程。彼得森认为，个体如果能够认知生涯选择的内涵，就能够提高生涯选择的能力。

认知加工理论是基于在生涯问题解决与决策制定的过程中，大脑接受、编码、储存、利用信息与知识的理念而形成的一种理论，其强调职业生涯问题的解决如同一个认知的过程。从认知信息加工的视角，彼得森提出了10个假设去看待生涯选择的本质：生涯选择基于认知与情感历程的交互作用；生涯选择是一种解决问题的活动；生涯问题的解决依赖于认知运作能力，也依赖于知识统合能力；生涯问题的解决需要极高的记忆负荷；一名好的生涯问题解决者，其动机主要是做出满意的生涯选择；生涯发展是自我知识与职业知识结构的不断成长与改变；生涯认同依赖于自我知识记忆结构的发展程度；生涯成熟度是根据解决生涯问题的能力恒定的；生涯辅导目标之一是促进当事人的信息加工能力的提升；生涯辅导的最终目标在于使当事人成为生涯问题解决者。

根据上述假设，我们可以对自我知识与职业知识产生清晰的认识，统合这些知识层面的认知的历程也会越来越清晰。换言之，生涯教育的最终目标不是帮助个体解决生涯中的困难，而是帮助个体提升自身解决生涯问题的能力。其后，彼得森等学者总结出了生涯问题的共同特征：第一，生涯问题一般较为复杂并包含感情因素；第二，生涯问题的解决一般有多种备选方案；第三，生涯问题的选择结果一般具有不确定性。在此基础上，若需提升个体的生涯问题解决能力，则需要从加工信息的能力着手，故而其提出了信息加工层面的金字塔，构成了其生涯决策理论的基本模型。

信息加工层面的金字塔共有三层，底部的两个部分称为知识领域，包括自我知识与职业知识；中间层为决策技能领域，是个体基于自我知识与职业知识的有效认知对信息进行加工，从而做出生涯决策；最上层为执行加工领域，也就是个体进行自我认识和自我调节的活动区域。

（三）生涯决策理论与高中学生生涯发展

生涯决策理论强调生涯的选择是一种相互的过程，这种选择不仅反映了个体自主的选择结果，也反映了社会所提供给个体的成长机会与要求。生涯的选择并不是偶发性的事件，是由许多前因造成的。因此，对于高中学生来说，其生涯决定过程，不仅是将其特质与未来工作、未来学习相匹配的过程，更应该是增强学习经验，增强与生涯相关的探索活动的过程。认知信息加工理论在完善学生个体知识领域，引导学生合理进行未来成长决策、客观认识生涯决策等方面有着显著作用。

换言之，环境是可以创造的，知识是可以习得的。因此，高中学生可以通过生涯教育，培养自身的职业生涯规划能力，认识到自身的特质、现有和潜在的资源优势，认识到自身的价值并使其持续增值；也可以对自身的优势和劣势进行对比分析，着力培养某种职业特质，从而更为科学有效地规划自己的学习与实践，为从事自己的理想职业做准备。

第三节　生涯教育的发展历程

生涯教育由19世纪末20世纪初美国的职业指导发展而来。在20世纪初期一直到20世纪40年代，由帕森斯提出，威廉姆森完善的特质因素理论一直作为主流理论引导着职业指导工作的发展。直到20世纪50年代，舒伯融合多家之言，创立了生涯发展理论，标志着生涯教育理论正式诞生，职业发展的范畴扩大到个人生涯发展的范围。之后，马兰正式将生涯教育理论转化为具体的生涯教育政策，引起了全世界对生涯教育的深化改革。我国在当前的时代背景下，开始了对高考的一系列改革，引起了全国范围内对高中育人方式以及普通高中育人任务的重新思考。与此同时，作为能够增强学生自主选择和决策能力的生涯教育得到了前所未有的重视和迅速发展，北京、上海、浙江等地的多所学校开始了对生涯教育的探索。❶

---

❶ 王慧玲. 高中生涯规划教育的重新审视与提升路径 [J]. 教学与管理，2023（3）：62-65.

第二章 高中学生生涯教育的理论基础

一、生涯教育的兴起阶段（19世纪末—20世纪30年代）

一般来讲，生涯教育是从19世纪末的职业指导发展而来的，考虑到需要讲清楚生涯教育理论和实践的完整发展历史，在考察了大量参考文献的基础上，本书认为应该从19世纪末美国的职业指导开始对生涯教育的发展历程进行梳理。

（一）以"人职匹配"为主导的职业指导

19世纪末，美国公立学校在工业化浪潮中迅猛发展，中等教育的性质逐渐从单纯的升学预备教育转变成兼顾升学和就业的预备教育。为了帮助学生恰当地选择职业，职业指导工作开始在美国兴起。1908年，帕森斯创立波士顿职业局，与地方当局成立学校职业指导委员会，在学校开展职业指导工作，这也使职业指导在波士顿市各中学乃至整个美国迅速得到普及。1909年5月，帕森斯遗著《选择一份职业》第一次系统阐述了科学的职业指导理论——特质因素理论，并提出了帮助人们正确选择职业的三条基本原则：一是研究个性；二是调查现有的职业；三是人职匹配。该理论确立了职业指导理论的基本框架，成为20世纪早期美国职业指导的理论基础。1917年，美国颁布《史密斯—休斯法》，规定利用联邦拨款在中学开设职业教育课程，并开展职业指导，自此确立了中学职业指导的合法地位。这一时期学校职业指导工作的迅速发展也得益于进步主义运动的兴起。进步主义运动的主要代表人物约翰·杜威（John Dewey）认为职业指导应是培养学生对职业的兴趣，同时他反对为学生预先选择一个职业，将职业指导视为狭隘的职业训练。这些观点为美国的职业指导提供了一定的理论支撑，指导着美国这一时期的职业指导工作。1939年，有美国学者在帕森斯职业三因素思想的基础上，以个性心理学和差异心理学为基础，进一步发展和完善了帕森斯的特质因素理论，强调指导式咨询的作用，提出了指导学派以咨询者为中心的咨询方法。继美国之后，中国、英国、日本等国家也纷纷开始对职业指导工作进行探索，在全世界范围内掀起了职业指导运动的热潮。

（二）以谋生为主要目的的职业指导

20世纪初，传统学校教育严重脱离社会生产和生活，导致毕业生既没有谋生技能，也丧失了谋生能力。当时，我国教育界的一些人士受到西方职业指导运动的影响，开始了对职业指导的早期探索。1915年初，留美博士郭秉文介绍了英国和美国的职业指导，主张在学校内设立"职业引导会"，帮助学生选择职业，最先将职业指导的概念引入我国。1916年，周寄梅先生在中国率先开始了职业指导工作，但是当时的职业指导对象仅限于清华学校的留美预备生，并没有面向中小学和社会大众进行推广。1917年，黄炎培创立"中华职业教育社"，创办中华职业学校，并在学校推广职业指导，以改善普通教育的培养目标和课程内容，这也标志着职业指导正式在中国全面展开。随着时间的推进，黄炎培等人逐渐认识到职业指导的重要性，因此《教育与职业》在1919年10月第15期专门刊行了《职业指导》专号，并在卷头上写下"打算从职业指导下手"的介绍语，面向社会介绍职业指导的重要性、职业指导的实施方法、国外职业指导的实施情况及效果。一时间，"职业指导"这一名词引起了教育界与实业界人士的共同关注。1920年3月，中华职业教育社正式设立职业指导部，通过调查、演讲、介绍、援助等方式，指导中小学职业指导工作的开展。在此倡导下，全国各地中学积极响应，纷纷开展职业指导工作，如开设职业指导课程，邀请校外专家进行职业讲演等。1927年，上海职业指导所建立，面向社会大众提供职业指导服务，实现了职业指导从学校向全社会的发展。与此同时，我国的职业指导工作也得到了政府的高度重视与认可，如1928年举行的全国教育会议提出了全国各级学校在最后一学年，应开设职业指导和升学指导课程；全国各大学及中学，均应设立职业指导部的要求。由此，我国的职业指导工作逐步发展起来，并在全社会范围内取得了良好的成效。

二、生涯教育的初步发展阶段（20世纪40年代—20世纪70年代）

在这一阶段，生涯教育在国外得到初步发展，生涯教育理论逐渐取代职业指导理论并实现蓬勃发展，逐渐实现科学化、普及化、制度化。

（一）心理学、社会学研究成果助推生涯教育理论体系形成

大约在20世纪40年代，许多有关心理学、社会学的研究都开始探讨职业

行为与生涯发展的问题。卡尔·罗杰斯（Carl Rogers）于1942年提出非指导式咨询理论，认为心理咨询的重点应该转移到当事人身上，提出了以人为中心的咨询模式，并详细阐述了指导的条件和步骤，向传统的指导学派发起了挑战。这种非指导式咨询为生涯教育注入了新的思维方式、新的咨询方向，使人的情绪和人格因素得到重视。到了20世纪50年代之后，理论派别逐渐形成，以舒伯等人为代表的生涯发展理论诞生，为生涯教育理论体系的建立做出了重要贡献。舒伯以个别发展研究人的生涯发展，在哈维赫斯特（Havighurst）的发展阶段论和金斯伯格等人的职业发展理论基础上，于1953年提出了生涯发展理论，让生涯教育取代了职业指导。生涯发展理论的诞生，掀起了生涯教育研究的风潮，将生涯教育推向一个以注重个体生涯发展历程为重心的方向。

（二）建立相关法律和制度保障职业指导课程的开设

在实践中，各国纷纷颁布相关法令为职业指导提供制度和经费保障，要求中学开设职业指导课程。如英国于1944年颁布《1944年教育法》，要求文法中学、技术中学和现代中学开设职业指导课程，要求学校专设职业导师，开展职业指导工作；日本在受到美国职业指导的影响下，于1947年颁布《学校教育法》及《中学学习指导大纲职业指导篇》，明确了职业指导的地位和作用，实现了职业指导课程化，后又在1947年10月的《学习指导要领》中规定把职业指导课程作为中学的必修课和选修课，同时明确在社会学科教学中，要安排一定的职业指导。不同于国外的蓬勃发展，在此阶段，中华人民共和国刚刚成立，国家实行计划经济，毕业生由国家"统包统分"，因此生涯教育在当时失去了价值，其发展处于停滞阶段。

三、生涯教育的迅速普及阶段（20世纪70年代—20世纪90年代）

20世纪70年代初，生涯教育的概念开始化为具体的教育政策，生涯发展理论开始逐渐运用于学校教育中，理论界开始了对生涯教育内涵和价值的探讨和研究，生涯教育实践也得到迅速发展，引起了对生涯教育实施与开展途径的广泛讨论。

（一）诞生与推广：生涯发展理论运用于学校教育

1969年，赫尔把舒伯的生涯发展理论运用于学校教育，并把他所主张的围绕生涯发展而进行的所有正规的教育通俗地称为"生涯教育"。1971年，马兰正式提出了实施生涯教育的计划，旨在解决学校教育与社会生活脱节的问题，引导青少年的关注点从升学转向个人的生计与未来发展。这一举措掀起了探讨生涯教育的热潮，其中中学阶段教育和生涯教育之间的关系成为探讨的重点之一，包括在中学阶段实施生涯教育的必要性、在中学阶段实施生涯教育的模式以及师资训练等方面。1974年，美国国会把生涯教育定为全国重点项目，颁布了《生涯教育法案》，设立了生计教育署，以指导美国生涯教育的贯彻落实。自此，生涯教育迅速在美国推广，逐渐演变成轰轰烈烈的生涯教育运动，许多州和地区都在中学里开设了生涯教育课程。美国联邦政府与各州政府相继推出了不同的生涯教育模式，共形成了4种生涯教育的实施模式：以学校为基础的模式，以雇主为基础的模式，以家庭、社区为基础的模式以及以居住区为基础的模式。

（二）实施与开展：中学生涯教育兼顾升学与就业

20世纪80年代，生涯教育已经成为美国中学教育中不可或缺的一部分。1983年，美国发布了名为《国家在危机中：教育改革势在必行》的报告，要求职业课程也应当达到与基础课程一样的水平。1984年，全国中等职业教育委员会充分肯定了生涯教育所强调的职业教育与普通教育相融合的理念，批评了将中学视为大学预备机构的做法，使生涯教育在普通中学里保持稳固而重要的地位。此时，对中学阶段生涯教育的研究主要集中在生涯教育在学校中如何运作，如生涯教育课程的实施、生涯教育的成效等。但总体而言，20世纪80年代，绝大多数美国中学的课程和教学都是以"升大学"为目标的，生涯教育并未起到真正的作用。

（三）反思与调整：加强生涯教育与社会的联系

20世纪90年代，面对新的社会矛盾和教育问题，美国生涯教育开展了全面的反思与调整。生涯教育专家开始关注生涯教育如何促进信息技术社会发展，认为学校中的生涯教育从课程内容、实施方式到教育功能都应进行相应的改革。在理论研究的指导下，以生涯教育的基本理念为基础，美国于1994年颁布了《学校向工作过渡多种途径法案》。在该法案的指导下，美国开始积极推广生涯和技术教育，以使学生适应科技社会的需要。围绕生涯和技术教育，美国在高中阶段进行了包括"将职业教育和学术教育相结合的课程一体化""为某种职业提供技术准备"以及"为学生提供相关实践活动"等一系列改革。

与此同时，世界各国也纷纷颁布法令进行新一轮的生涯教育改革，明确规定要在中学开设生涯教育课程，进一步从国家层面对生涯教育的目标和内容以及实施方式等具体内容做出了规定。例如，1988年，英国在《5—16岁的生涯教育与指导》中规定了生涯教育课程的三维目标和任务。

在这一阶段，我国实行改革开放，政治和经济体制的转变使生涯教育恢复缓慢发展。中华职业教育社编印了《职业辅导》史料文集，成为我国恢复职业指导的先驱。与此同时，国家对在高中阶段开展职业指导给予了一定程度的重视。1992年，国家教委颁布了《普通中学职业指导教育实验纲要（草案）》，要求把生涯教育作为普通中学的一部分，但很少有学校切实执行，导致我国生涯教育实践和理论研究在该阶段仍然处于停滞状态。

四、生涯教育的深化改革阶段（21世纪以来）

进入21世纪，世界各地开始广泛关注生涯教育，并提出将生涯教育纳入21世纪教育改革和人才培养规划中。

（一）建立终生生涯教育体系，确定各阶段生涯教育目标和内容

21世纪初期的"从学校到生涯"运动，使美国的生涯教育目标和实施方式不断改革。2000年，英国教育与技能部颁布了相关指导性文件《新课程中的生涯发展教育》，明确规定了学段三和学段四生涯教育的具体目标。2003年，英国教育与技能部又制定了《全国生涯教育框架》，以三大目标为基础制定了针对11—19岁学生的生涯教育课程活动框架，并不断修改和完善。2005年，英国教育与技能部发表的纲领性官方指导文件《14—19岁教育与技能白皮书》再次

重申要加强中学阶段生涯教育，并要求通过行业技能委员会，使雇主广泛地参与到现行的教育改革中。21世纪初，随着日本经济产业结构的变化及雇佣形态的多样化和流动性，日本文部科学省在1999年中央教育审议会和2004年《关于推进职业生涯教育的综合调查研究协作者会议（报告书）》中提出从小学阶段开始实施生涯教育。

（二）以新高考改革为契机，推动生涯教育本土化发展

在我国新高考改革的背景下，生涯教育作为增强学生自主选择权的重要教育活动得到了广泛重视，这主要表现在以下两个方面。

首先，生涯教育开始广泛出现于文件政策中，国家及各省市教育局积极推进生涯教育在基础教育尤其是普通高中的落实。例如，《国家中长期教育改革和发展规划纲要（2010—2020）》中明确规定"建立学生发展指导制度，加强对学生的理想、心理、学业等多方面指导"；《教育部关于普通高中学业水平考试的实施意见》指出"要加强学生生涯规划指导"；《国务院办公厅关于新时代推进普通高中育人方式改革的指导意见》指出要"加强对学生理想、心理、学习、生活、生涯规划等方面指导，帮助学生树立正确理想信念、正确认识自我，更好适应高中学习生活，处理好个人兴趣特长与国家和社会需要的关系，提高选修课程、选考科目、报考专业和未来发展方向的自主选择能力。"；山东省发布的《关于做好普通高中学生发展指导工作的意见》指出"新一轮高考综合改革，强化了选择性教育，实施选课走班教学，迫切需要对学生自我认知、课程选修、高校招生志愿选择、生涯规划等进行指导，帮助学生根据自身实际选择适合的发展方向"，并将普通高中学生发展指导划分为自我认知指导、学业选修指导、职业行业体验和专业报考指导四方面。

其次，一大批先进学校认识到生涯教育的重要价值，开始了对生涯教育的本土化实验，将生涯教育与德育、心理健康教育等相互融合，探索出具有学校特色的生涯教育体系。例如，北京师范大学第二附属中学将学生发展指导纳入对学生的德育体系中，建设学生发展指导中心，开展"脑AT测试""专家讲座""学科渗透""职业生涯体验活动"等多种多样的生涯教育活动促进学生生涯发展。除此之外，浙江省作为新高考改革试点之一，在全省范围内开始了

对生涯教育的探索，目前已基本形成具有浙江特色的生涯教育模式。例如，浙江师范大学附属中学依据各年级学生的生涯任务，探索完成了涵盖高中三个年级的生涯教育内容体系。同时，浙江师范大学附属中学联合校内校外资源，探索建成了4种生涯教育实施途径：一是在教学领域开设生涯发展指导课，并运用学科教学进行渗透；二是在德育工作中开展学生社团、主题班会以及个别辅导咨询等发展生涯教育；三是开展学军、学农、学工活动；四是进行家校合作，与家长共同推进学生生涯发展。

通过梳理生涯教育的发展历史，不难发现西方国家特别注重生涯教育理论研究，并积极吸收心理测量成果以及心理咨询方法，推动着生涯教育理论流派的诞生，并直接带动了生涯教育在各个阶段教育中的实践。我国生涯教育的发展存在明显的断层，由于战乱等多重客观因素的制约，直到改革开放后经济发展对人才的需求大量增加，生涯教育才在我国得到实践和发展；直到新高考改革，高中学生生涯教育才真正在我国兴起并在较大程度上得到落实，但仍存在多实践、少反思，重形式、轻质量的问题。

第四节　高中学生生涯教育的原则

实施高中学生生涯教育是全面提高高中学生综合素质的需求，是普通高中多样化发展的需要，是深化教育改革与发展的具体措施。在当前的时代背景下，高中学生生涯教育必须以全面深化教育领域综合改革为前提，以教育创新、人才培养创新的思维去实施，同时恪守以下基本原则和立场。❶

一、基于立德树人的目标

当代青少年学生的发展，与国家发展、社会发展以及全球发展等紧密联系在一起。在全球化、信息化时代，青少年学生享受着发展带来的成果，也需要有参与和促进可持续发展的信念、责任与能力。

近年来，我国反复强调立德树人的价值，强调五育并举的高质量人才培养

---

❶ 宁连凤，朱婷婷. 高中语文学科渗透生涯教育[J]. 大众心理学，2022（1）：18-20.

体系建构。在这种背景下，高中学生生涯教育，必须紧紧围绕党和国家提出的教育改革要求，必须体现培养和践行社会主义核心价值观的要求。所以，高中学生生涯教育不能简化为生涯规划，不能等同于职业指导或者专业选择辅导。高中学生生涯教育必须紧紧围绕每个学生的全人发展与终身发展。为此，高中学生生涯教育必须将个人生涯的科学概念传递给每个学生，让他们认识到个人生涯的全面含义与要求，将个人生涯与国家要求、社会发展及时代变化等诸多方面联系在一起。同时，高中学生生涯教育必须关注尊重、宽容、适应、合作、团队、决策力、领导力、创造力等各种技能的养成，必须将社会主义核心价值观中涉及集体层面的"自由、平等、公正、法治"与涉及个体层面的"爱国、敬业、诚信、友善"，转化为高中学生生涯教育的具体要求与内容。

二、基于专业标准的设定

我国高中学生生涯教育起步较晚，目前还处于探索起步阶段，没有相应的标准和要求，这也在实践之中导致了高中学生生涯教育缺乏系统性且低效。因此，有必要基于专业标准的设定开展高中学生生涯教育。

首先，要确立高中学生生涯教育的专业标准与要求，包括分学段的生涯教育目标体系与内容体系，也包括从事生涯教育的人员的素养与能力要求，同时还要体现实践操作的原则、方法与评价等。

其次，生涯教育专业标准与要求的实现，需要各种政策的支持与保障。《国务院关于深化考试招生制度改革的实施意见》为建立高中学生生涯教育制度与实施高中学生生涯教育创造了良好的条件；教育部出台的《普通高中学生发展指导纲要（试行）》为高中学生生涯教育提供了支持。

最后，本土化他国先进经验与方法是高中学生生涯教育专业建设的有效途径。在全球化时代，当代青少年学生需要有全球化的视野和建设和谐世界所需要的价值观念与基本技能，这样才能够促进学生获得有质量的终身发展和全面发展。培养高中学生的生涯思想与生涯技能，必须加强与外部社会及现实生活的联系。也就是说，生涯教育不能在封闭的状态下进行，而是要将生涯知识的传授与生涯技能的培养结合在一起。对此，完全可以借鉴和学习其他国家与地区的经验与方法，而不需要从零开始。

三、基于全体教师的协作

生涯教育的有效开展，师资队伍是关键。目前，一些地方为了实施生涯教育，提出要为学校配备专门的职业导师或者专职的生涯教育教师；同时，在社会化的培训市场中，也出现了面向学校的"职业生涯培训师"师资速成班。从基于专业要求的生涯教育出发，这些举措和行为，在一定程度上有助于在短时间内为广大学校实施生涯教育提供一些支持；但是，这些专职的"生涯师"或者"职业师"，或许并不能够完全承担高中学生生涯教育的重任。因为，专业的高中学生生涯教育，并不是少数的专门或者专职人员就可以完成的，而是需要学校全体教师的共同参与、协同参与。高中学生生涯教育需要与学校教育教学过程相融合，需要与立德树人全面融合，尤其需要教育活动中每个教师的参与和贡献。

当然，教师共同参与生涯教育，并不意味着所有教师都要系统学习生涯教育的相关知识，具有相关的素养与技能，而是意味着教师在教育教学过程中要做到意识和思维方式的转型，即要关注学生生涯教育的要求及相关内容，而且教师之间要就生涯教育开展相互合作与相互支持，尽可能避免教师"单干"的局面。教师之间不仅要保持学生信息共享，而且要努力发挥每个教师在指导学生方面的专长，加强不同类型教师之间的合作与互补，避免教师在指导生涯教育方面可能存在的个人"弱项"。

总而言之，生涯教育不仅要有专职教师的参与，更要有全体教师的参与。生涯教育是对全体教师的挑战和要求，是教书育人的重要内容，是全体教师的共同责任，要求教师具有能够有效实施生涯教育的专业素养与专业能力。

四、基于多方资源的整合

实施生涯教育与指导是学校教育的任务之一，也是学校全面实施素质教育的要求之一。但是，由于长期受应试教育的影响，目前生涯教育还是一个新生事物，其实施遇到诸多困难、问题与挑战。当前应试教育的状况还没有发生根本变化，片面追求升学率的导向仍然制约着高中教育教学改革与发展，社会对生涯教育的认识还不够，担心实施生涯教育会影响学校现有的课程设计与教学安排，导致学生学习成绩下降。在这种情形下，学校要想实施生涯教育，除了正确认识生涯教育，还必须在学校管理模式、学校文化、教师队伍能力、课程与教学等多方面做进一步的改进与提高；与此同时，还需要动员社会上的各方力量，形成生涯教育的合力，整合多方力量，共同致力于生涯教育的实践，从根本上为生涯教育的有效开展、有序开展提供全方位的保障。

第三章　国外发达国家高中学生生涯教育的经验借鉴

第一节　美国高中学生生涯教育

一、美国高中学生生涯教育的背景

（一）政治背景

20世纪80年代，美国出现金融和管理危机，在这种压力下，美国政府发起了一场重大的政府重组运动。该运动对教育领域产生了巨大影响，致使公共教育质量下降，培养出来的人才无法满足美国在全球竞争中的需求。与此同时，美国出现了一系列的社会问题，如消费文化盛行、多元文化冲突、辍学率较高、药物和酒精滥用、霸凌。在这种情况下，美国开始了通过强调标准化、聚焦绩效和问责的改革来提高教育质量。❶

（二）社会经济背景

随着信息技术的发展，世界通信便利化，推动了全球化进程，改变了工作

---

❶ 陈新，祝宇．新高考背景下高中学生职业生涯教育现状与对策——以常熟地区为例 [J]．科教导刊，2022（29）：149-151．

的组织、结构和形式,同时使世界发生了日新月异的变化。人工智能、3D打印技术等先进技术的广泛应用对劳动力素质提出了更高的要求,使得传统工作岗位不断减少,新兴产业不断增加,推动了传统生涯路径的演变和新兴生涯路径的产生。美国社会劳动力市场希望具备职业资格证书以及中等后教育学位的劳动者来应对世界的变化。

数字化时代的到来彻底改变了人们的生活和工作方式。互联网的快速发展不仅对传统行业产生了巨大的冲击,也催生了新兴的经济模式。新的经济模式不仅使劳动者意识到工作方式、组织和要求的变化,而且使政策制定者和研究者开始关注个人未来发展所需能力的变化,对学校提出了更高的要求。学校需要为学生提供学业指导、心理指导和生涯指导,帮助学生发展生涯管理能力和终身学习能力,从而满足工作的需要,适应瞬息万变的世界。

(三)教育理论背景

20世纪90年代后,新兴的生涯建构理论推动了美国高中学生生涯教育发展,使美国高中学生生涯教育目标发生了变化,强调个体应对变化、主动建构和规划人生的能力。在这一时期,高中学生生涯教育内涵不断扩展,高中学生生涯教育的内容集学业指导、社会引导和情感指导于一体,向综合性方向发展。这一时期美国高中学生生涯教育内容的重点是让学生通过与实际情景进行有意义的互动,获取未来获得成功所需的经验。

二、美国高中学生生涯教育内容体系

2004年,美国生涯与成人教育办公室(Office of Vocational and Adult Education,简称"OVAE")对国家生涯发展指导纲要进行了修订,新修订的国家生涯发展指导纲要框架包括个人社会发展、教育成就与终身学习以及生涯规划三大领域。三大领域共有十一项细化的目标,每个目标都有具体的指标,这些指标具体指出了实现该目标所需要的知识和技能,反映了美国高中学生生涯教育内容,具体见表3-1。

表 3-1 国家生涯发展指导纲要框架下的美国高中学生生涯教育目标与内容指标

领域	目标	内容指标
个人社会发展领域	目标一：培养对自己的理解，以建立和保持一个积极的自我概念	自己的兴趣倾向、能力优势与不足
		自己的工作价值观或需求
		自我概念的各个方面
		建立和保持积极自我概念的行为和经验
		影响自我概念的因素
		自身行为、态度影响他人的自我概念
		自我概念对教育成就和工作的影响
		教育成就和工作对自我概念的影响
	目标二：将个人成长和改变融入生涯发展	认识自身的成长和变化
		良好的健康习惯
		个人动机和抱负的变化
		外部事件影响生活的认识及管理策略
		获得帮助的能力及策略
		在面对变化时自身的适应性和灵活性
	目标三：培养积极的人际交往能力，包括尊重多样性	内容指标
		有效的沟通技巧
		积极的社交技能
		与他人友好相处、有效合作的方法和能力
		解决冲突的技巧
		言行举止得体
		外部压力的来源和解决方式
		为自身行为承担责任
		理解、尊重和欣赏人类的多样性和差异性
		积极互动的能力对学习和学术成就的影响
		与不同群体积极互动的能力对工作的影响
		以诚实、公平、有帮助和尊重的方式与他人相处
	目标四：平衡个人、休闲、社区、学习者、家庭和工作角色	人生角色的认识
		平衡角色的方法

续 表

领域	目标	内容指标
个人社会发展领域	目标四：平衡个人、休闲、社区、学习者、家庭和工作角色	生活方式的概念、现状、影响因素
		生活角色和生活方式的联系

美国各州依据国家生涯发展指导纲要，结合地区实际情况，选择了不同的高中学生生涯教育内容。下面将以纽约州、马萨诸塞州和密苏里州为例介绍高中学生生涯教育内容。

纽约州的高中学生生涯教育内容可分为两部分。第一部分主要是帮助学生了解社会工作，进行生涯探索，发展个人技能、资质、潜力，培养生涯决策能力。具体内容要素包括三方面：引导学生思考"我是谁""我将去哪里""我要怎么做才能去那里""我需要具备什么能力"；明确职业方向，进一步了解意向职业的相关信息，分析自我是否具备职业所需的能力；制订具体的行动计划。第二部分主要是帮助学生掌握未来工作所需的通用性能力。

马萨诸塞州的高中学生生涯教育主要是帮助学生获得知识、技能和经验，为学生未来发展做准备。其内容主要包括三方面：生涯认知、生涯探索、生涯实践，通过生涯日、生涯测评、生涯演讲、市场信息分析等方式，为学生发展生涯意识和生涯能力打下基础。对于高中学生生涯内容的每一个方面，马萨诸塞州都会配套相关的活动方案供该州的学校参考。

密苏里州的高中学生生涯教育内容主要是终身学习和目标制定、探索职业环境、尊重所有的工作以及择业，见表3-2。

表 3-2 密苏里州高中学生生涯教育内容要素

领域	目标	内容指标
终身学习和目标制定	9年级：回顾个人生涯发展计划及中学毕业后的要求	·根据自己的优势和不足，制订生涯发展计划 ·了解大学的入学要求和申请流程
	10年级：结合生涯模拟活动，回顾生涯发展计划	·根据自身不断变化的兴趣、优势、局限审视当前的生涯发展计划 ·学习生涯规划的基本知识，毕业后在个人发展上做出明智的决定

第三章　国外发达国家高中学生生涯教育的经验借鉴

续　表

领域	目标	内容指标
终身学习和目标制定	11年级："我的生涯决策是否适合我？"	•了解生涯目标所应具备的教育、培训、个性特征，并将这些与自身所拥有的资源和特质相比较
	12年级：为升学做准备	•运用信息收集、筛选、分析能力，获取升学相关的信息
	中等教育后清单	•根据个人特质和职业世界信息，制订短、中、长期的生涯计划 •了解自己毕业后所需要的教育和培训水平
探索职业环境	9年级：职业兴趣测评	•了解16个生涯集群，为进一步探索做准备 •在认识自我和了解生涯信息的基础上，初步确定意向职业
	10年级：探索并利用生涯发展的外部资源	•了解和评估各种资源，为生涯探索与规划奠定基础 •分析生涯信息，为生涯决策提供最相关的资源
	11年级：见习	•通过各种渠道收集生涯信息，并进行综合分析和判断
	12年级：运用生涯信息	•在具体的生涯决策中充分利用生涯信息 •运用生涯探索和规划的知识，适应社会环境变化
尊重所有的工作	9年级：与他人相处	•认识和评估学校与社区对自身生涯发展的重要作用
	10年级：过去、当下和未来	•认识和评估学校与社区对发展目标的作用
	11年级：同伴对我在学校和社区中活动的评价	•了解个人对所在环境的价值
	12年级：尊重	•尊重所有工作，认识到尊重工作对社会发展的重要性和必要性
择业	9年级：成长记录袋	•记录成长中可能损害职业伦理的情况 •记录志愿活动和兼职工作中所学到的求职技能

· 47 ·

续表

领域	目标	内容指标
择业	10年级：个人社会规范	·了解解决伦理问题的方法 ·了解毕业后升学和就业的申请过程
	10年级：申请	·利用自我知识和生涯信息做出明智的生涯决策
	11年级：简历	·展示可以用来解决未来职业工作相关道德问题的步骤 ·为寻求毕业后的发展机会，完善简历中的个人信息
	12年级：制订生涯发展计划	·运用求职技巧获得工作 ·工作中运用有助于取得成就的技能

第二节 英国高中学生生涯教育

一、英国高中学生生涯教育的背景

（一）政治背景

1997年，布莱尔领导的新工党采取"第三条道路"，尝试国家干预市场机制，以应对撒切尔政府遗留下来的社会问题，如严重的贫富差距和社会动荡。第三条道路指的是适应全球化变革的一套新政治理念。在这个理念的引领下，布莱尔政府在教育领域进行了改革，强调教育的目标是使所有公民成为对社会有价值的人，并倡导发展学生的职业技能。2010年，卡梅伦认为，面对英国社会存在的平等和冲突问题，有必要重建个人责任感。因此，英国政府实施了一系列的教育改革，直接促进了英国学生生涯教育的改革和结构重组。[1]

---

[1] 李芬青."校友生涯导师"在高中生涯教育中的探索[J].成才与就业，2022（S01）：148-150.

（二）社会经济背景

科技进步和经济发展带来了产业的转型和新兴的就业市场。2008年，全球金融危机爆发，发达国家都在努力调整产业结构，只有英国决定发展数字经济，打造世界的"数字之都"。2009年，英国的数字改革正式开启。到2015年，数字经济已经成为英国经济增长的重要驱动力，英国在数字经济领域的业务收入为英国的GAV（Gross Annual Vaule）总值贡献了7.4个百分点。此外，英国在信息通信服务领域、数字内容领域、电子政务发展领域都居于全球领先地位。这些信息技术革命促进了知识经济的发展，使英国社会发生了根本性的变革。英国政府为应对知识经济的新挑战，开始重视个体潜能的开发，强调终身教育发展战略，加大对技能和教育的投资。全球化和知识经济的新需求使得英国高中学生生涯教育目标发生变化，更加注重培养学生适应社会变化的能力。

（三）教育理论背景

经济全球化、产业结构调整、多元文化的冲击使得传统生涯发展路径减少、新兴生涯发展路径复杂且分散。因此，为满足个体生涯发展需求，英国的高中学生生涯教育开始转变理念。新兴生涯教育理论强调情景与文化的多样性和自我建构。以萨维克斯（Sudweeks）的生涯建构理论为代表的生涯教育理论在当时产生了重要的影响，他认为生涯既是个体对职业活动的主观反映，也是对其职业角色和社会角色的反映，这种反映过程就是个体建构生涯的过程。生涯建构理论提出了职业人格、生涯适应力以及人生主题这三个核心概念。生涯建构理论对高中学生生涯教育的内容产生了影响，使英国高中学生生涯教育更加关注学生应对变化的能力。

二、英国高中学生生涯教育内容体系

目前，英国的高中学生生涯教育包括三大内容：
①通过生涯教育、职业教育及生涯相关教育提升学生的综合能力。
②探索生涯与工作世界。
③培养生涯成功和就业所需的素质与技能。

这三大内容具体可以划分为17个方面，每个方面都对应其内容要点和设计理论依据，见表3-3。

表3-3 英国高中学生生涯教育主要内容及理论依据

具体内容	要点	理论依据
自我意识	·品质、技能、态度与价值观、需要与兴趣、性向与成就 ·自我形象与身份 ·自信与自尊 ·自我认知 ·不断地反思 ·个人建构 ·生活角色	·生涯发展理论、社会建构主义、生涯信息处理理论（强调生涯教育元认知）与社会认知相关的生涯理论 ·工作生活设计和自我描述的方法 ·低程度的自我认知影响决策
自我决策	·自我效能感 ·自制力 ·内部动机	·自我描述法 ·社会认知相关生涯理论（强调增加自我效能感） ·有关情商和动机类型的研究
自我提高	·意识到自己偏爱的学习风格 ·在不同环境下用不同方法学习的能力 ·培养学生终身学习的能力 ·对自己反思与总结	·提高成就 ·一般学习理论 ·经验学习理论（科尔布）
探索不同生涯与生涯发展	·生涯的概念 ·生涯的隐喻 ·生涯的类型 ·生涯的发展过程 ·生涯作为公民素养的维度 ·生活角色的相互关系 ·对生涯挑战有自己的见解	·帮助学生认识学习和未来一些事情之间的联系，包括与现在的生活、未来的生活、将来的工作之间的关联 ·目前的职业世界和社会生活变化速度加快，造成人们的生涯方向也在不断地变化
对工作和工作生活的探索	·志愿的和有报酬的工作 ·劳动市场如何运作 ·工作福利 ·工作满意度 ·生活与工作的平衡 ·兼职、全职、灵活时间 ·办公室工作 ·在家工作，自由职业	·企业进行关于学生和青年为进入职场做出准备状况的调研 ·社会发展和科学技术的变革，使现有的工作类型发生了变化，新型工作层出不穷，这一切工作类型和技术的革新导致失业率的提高 ·年轻人需要了解不同的工作方式

续 表

具体内容	要点	理论依据
了解商业与产业	• 商业是如何运作的 • 不同功能的部门，如市场、人力资源 • 商业的社会责任 • 经济学概念，如供给和需求	• 个体应当了解工业、商业、和各类型的产业在创造国家财富时产生的影响和做出的贡献 • 个体应当了解经济发展的可持续性对国家整体经济的作用和重要性
掌握工作和劳动力市场信息	• 职位 • 职业群 • 准备条件 • 空缺岗位 • 当地和地区劳动力市场趋势	• 信息的获取是生涯选择的决定因素
重视平等、多样性和包容性	• 2010 平等法案 • 性别和其他权利保护问题 • 就业和待遇的差别 • 处理歧视问题的策略	• 经济形势的变化、社会生活的改变和文化地位的不同都会对职业世界产生影响 • 社会固化和歧视造成的不好影响 • 工作场所的歧视仍然存在 • 社会流动和社会正义
工作安全和工作环境的学习	• 健康与安全 • 人机工程学 • 工作设计 • 工作的责任与义务 • 拒绝工作中的剥削	• 工作中出现的事故与伤害
利用好有关生涯的信息、建议和指导	• 信息处理技能，包括发现信息、对搜集的信息进行选取、组织、展现、评析等 • 信息通信技能，包括检索信息、储存信息、保护个人信息 • 能够找到 IAG 并在评估后使用 • 为面试做好准备并跟进	• 信息匮乏、信息获得有障碍等对于信息决策会产生阻碍 • 从目前的调查结果来看，从 1997 年以后，人们大多习惯采取非正常渠道来获得需要的信息，如网络、个人经验等，信息渠道的多样化成为信息获得的趋势
为就业做准备	• 基本技能：文字素养、算术和信息技术 • 软技能，包括客户服务、团队协作、时间管控、个人组织能力 • 看待事物的角度与方式，如商业头脑、职场目标和全球化的视野 • 工作经历与志愿服务	• 工作适应理论 • 有关就业与技能的政府战略

续 表

具体内容	要点	理论依据
展现进取心与事业心	• 在工作中表现出事业心 • 社会上成功管理者和商业领导技能，包括做出决定、领导力和危机管理 • 企业家的品格与态度，包括迎接新挑战、独立自主、适应力和信念、有决心 • 灵活性、创造力和进取心	• 青年在生涯决策方面需要企业家精神 • 中小企业对经济增长的贡献
发展个人的财经能力	• 钱的用途和使用 • 个人财务管理 • 税务、国家保障、养老保险、工资单 • 做一个理性的消费者 • 管控财务风险 • 用于学习的公共资金	• 高等教育花费的上涨 • 当今社会个人应当拥有一定的财务管理素养，尤其是在进行线上交易时
鉴别选择的机会	• 有关职业资格和发展路径的知识 • 网络 • 谈判	• 有关生涯机会结构和偶然事件理论
规划与决定	• 目标设定 • 行动计划 • 决策策略 • 问题解决 • 支持系统	• 学生在选择与未来发展相关的能力课程时，应当结合自己的兴趣和能力 • 远大但符合实际的志向的重要性 • 认识到计划制订的过程及计划的可行性十分重要
申请职位与挑选	• 简历、申请表和求职信 • 自我推销与网上申请 • 面试 • 第二阶段筛选 • 做记录	• 根据雇主的调查，报告表明学生和青年对于就业没有做好充分的准备
对角色改变的管理	• 实现有效转变的策略 • 掌握角色转换的类别，包括学生身份转变，进入职业社会，开展工作、调换工作	• 一生中的重要转折点

由表3-3可以看出，英国高中学生生涯教育注重启发学生进行自我了解，

其要点包括"我是谁""我是如何成长的""我将成为什么样的人",通过悉心选取和设计高中学生生涯教育课程来激发学生的学习动机,促进学生的自我发展,使学生更加主动地为自己未来生涯做出努力。英国高中学生生涯教育在探索生涯和工作世界上细分了八个方面的课程内容,强调学生要学会审视自己和外部世界,在思考自己未来职业的适配性时,也要考量外部职业社会提供的机会和自己可以为社会做出的贡献。对外部世界的审视,包括理解生涯的概念与生涯发展途径;获得有关工作和工作生活的有关知识;了解商业与产业;了解工作者的权利与职责,寻找适合的工作机遇。对于发展生涯与就业所需的技能,高中学生生涯教育的课程集中在发展每个人都需具备的能够管理自己的生涯并为就业做好准备的一系列技能。例如,在对英国五所独立学校的高中学生生涯教育调研中,发现其课程内容的共同点如下:

①侧重于帮助学生制订一个稳定的职业方案。
②准确地向学生提供各种职业和劳动力市场信息。
③探讨学生对一门学科的热爱,找出自己的爱好。
④注重工作体验和经验积累。

我们可以看出,在英国高中学生生涯教育的内容方面,大部分学校都是基于全国高中学生生涯教育课程框架。在该框架内,学校可以制定符合自身情况的课程内容,将课程内容的要素与框架准则连接成一个有意义的整体。本书认为,英国的高中学生生涯教育内容旨在通过系统的课堂学习,使学生对自我的认识更加清晰,对职业生涯世界更加了解,并能够为自己的生涯发展做好准备。

第三节 日本高中学生生涯教育

一、日本高中学生生涯教育实施的背景

(一)政治背景

日本的高中学生生涯教育经历了职业指导、进路指导,再到生涯教育的

发展过程。20世纪初，日本工业的快速发展使日本的产业结构、生产方式、劳动力需求发生变化，导致了青少年失业率和转岗率较高的现象。为解决这些问题，日本开展了职业指导运动，其目标是通过研究学生和职业，确保在尊重学生个性的前提下，使他们为就业做好准备。20世纪30年代，日本政府强调科学技术与产业教育振兴，使得高中教育走向多样化发展，生涯路径增多。因此，1958年，日本在修订《学习指导要领》时将"职业指导"改名为"进路指导"。进路指导的目标主要是根据学生个人的实际情况，以提供发展信息、三方协商等方式，让学生在高中毕业时自主选择适合自己的发展道路。❶

（二）社会经济背景

随着经济全球化及新兴技术的高速发展，日本也进入了以知识经济和全球一体化为特征的社会转型期，迈进知识经济社会的日本也面临着产业结构和人才需求的调整。在此背景下，产业、社会对劳动能力的需求发生了巨大的改变，如要求人才具有丰富的知识基础、良好的思维习惯、适当的行为方法、完整的人格、灵活的头脑、能够适应社会变化等。然而，当时学生的劳动观、职业观还不成熟，不能满足上述要求，主要表现为学历和专业技能低下。日本的教育决策者认为，要想解决这一问题，就应从根本上培养学生的劳动观和职业观，将学生当前的学习和未来的人生道路紧密结合起来，通过学校教育使学生认识到人生发展的意义，思考自己在未来应扮演的社会角色。

（三）教育理论背景

20世纪80年代以后，由于社会环境和社会就业构造的多样化发展，人们的生活和意识发生了很大变化，进路指导已经不能适应新情况，导致失业率持续增加。在此背景下，高中学生产生了对生涯教育的需求，希望能通过生涯教育解决从学校生活到职业生活的过渡问题。1999年12月，日本中央教育审议会首次明确了生涯教育的概念，认为生涯教育是帮助学生了解个人特质，树立正确的劳动观和职业观，培养生涯发展意识和能力的实践活动。为了进一步指导

---

❶ 徐培耕，王珊珊.基于实践导向的高中生涯教育课程体系构建[J].中国科技期刊数据库科研，2022（9）：151-154.

生涯教育，日本文部省于2004年提出生涯教育的目标，即通过有计划、有组织的指导活动来帮助学生思考未来将从事的工作以及生活方式，激发学生的发展意识，使学生形成正确的劳动观和职业观。与进路指导相比，生涯教育增加了价值观培养的内容，生涯教育各阶段的主要任务是培养学生的职业观与劳动观。

二、日本高中学生生涯教育内容体系

2006年，日本文部省召集社会各方代表，借鉴国外发展模型和日本社会发展需求，制定了4领域、12能力的生涯教育内容体系，然后根据各种活动的特点对其进行分类整理，最终形成了普遍性的生涯教育内容体系，即4领域、8能力（见表3-4）。4领域、8能力是日本高中学生生涯能力发展的基本模型，学校会根据各年级学生的特征制定具体的目标和内容。

表3-4 4领域、8能力生涯教育内容体系

领域	能力
人际交往能力	理解自己及他人
	沟通能力
活用信息能力	信息收集与探索能力
	职业理解能力
生涯规划能力	职责把握与认知能力
	计划执行能力
意志决定能力	选择能力
	课题解决能力

在4领域、8能力生涯教育内容体系实施过程中出现了很多问题，如学校在开展过程中将生涯教育所要求的相关能力等同于4领域、8能力的内容，导致学生对各领域的能力理解不正确，在实践中难以变通。因此，2011年，日本中央教育审议会修订了生涯教育的概念，认为生涯教育是培养学生的基础通用能力，帮助学生实现社会自立和职业自立的指导活动。基础通用能力是对4领域、8能力的补充，其具体内容见表3-5，它与4领域、8能力的共同要素非常多。根据这一修订的概念，各学校可以根据学校实际特点以及学生现状，灵活制定高

中学生生涯教育内容体系。

表 3-5 基础通用能力

领域	能力
人际关系形成与社会关系形成能力	理解他人个性
	与他人合作
	与他人交流
自我理解与自我管理能力	理解自己的作用
	积极思考
	动机管理
课题对应能力	在学习与工作中发现并分析各种课题
	制订适当的计划来解决问题
生涯规划能力	理解学习与工作的意义
	理解多样性
	能够进行未来规划与选择

通过分析日本对生涯教育定义的演变，可以发现日本对生涯教育的理解已经逐渐成熟，从最初的帮助学生掌握职业知识与技能转变为培养学生生涯发展意识和能力，最后转变为培养学生适应生涯发展的核心能力，能够有效帮助学生实现社会自立和职业自立。

第四节 美国、英国、日本高中学生生涯教育经验借鉴

一、美国、英国、日本高中学生生涯教育的经验

（一）注重培养学生适应社会生活的各种能力

生涯教育是社会系统中的一个重要组成部分，必定会受到社会发展的影

响。在全球化背景下,产业结构复杂、雇佣形态多样化、个人职业更换频繁使得社会对个人能力和素养的要求不断提高,因此培养学生适应社会生活的各种能力成为各国生涯教育内容的重点。美国在个人社会发展、教育成就和终身学习以及生涯规划三个领域提出了11项目标,这些具体目标要求既立足于学生高中阶段的学习和生活,又指向学生未来的发展。2011年,日本提出了基础通用能力,即人际关系与社会关系形成能力、自我理解与管理能力、问题应对能力与生涯规划能力。在快速变化的社会中,学生具备这些能力,不仅有助于未来道路的选择,而且有助于以后工作的开展。基础通用能力可以帮助学生适应社会变化,做出适合自己的人生规划,并高效率地付诸行动。❶

(二)满足学生不同阶段的发展需求

高中学生在每一阶段都有不同的发展任务,因此需要根据学生的发展需求来选择高中学生生涯教育内容。美国南卡罗来纳州的高中在每个阶段都有不同的生涯教育内容,比如在生涯选择方面,九年级是关注某一专业领域,十年级是进行具体的专业选择,十一年级是根据大学入学要求制订学习计划。英国生涯教育内容也非常注重学生阶段性发展的需求,比如在阶段三侧重于帮助学生认识和发展自我,初步进行学业规划、认识职业;阶段四侧重于生涯探索和职业准备,让学生在认识自我和外部环境的基础上进行生涯选择和规划,并且执行行动计划。日本生涯教育内容在高一、高二、高三各有侧重。高一注重对自我和职业的认知,高二注重实践探索,高三注重对就业和升学信息的关注。总之,为了引导学生更好地发展,不同阶段应有不同的生涯教育内容。

(三)强调生涯教育内容的实践性

生涯教育是为了满足学生实际发展需要,运用生涯知识技巧,指导学生进行生涯选择和规划,具有很强的实践性。美国、英国、日本在开展高中学生生涯教育时,都注重让学生在真实情景中实践探索。美国的高中学生生涯教育就是让学生通过实践体验来探索职业群。英国的高中学生生涯教育通过开展实践活动,增加学生的生涯体验,帮助学生进一步明确自己的发展方向。例如,让学生到社会工作岗位上进行亲身体验、在工作场景进行模拟活动等。日本的

---

❶ 王玉洁.高中生涯规划教育的实践探索[J].教学管理与教育研究,2022,7(15):115-117.

"产业社会和人"就是让学生通过主动参与实践来了解社会职业和现在学习之间的关系、理解学习的意义、提高学习动机，同时学生可以在实践探索中利用已学的知识去解决各种难题，进一步完善自己的知识体系，提高生涯发展能力。

（四）为学生终身发展服务

美国、英国、日本高中学生生涯教育并不局限于对进行学生学业和职业指导，而是以学生整个人生发展为本，思考如何培养学生在动态发展的世界中高效执行自己生涯发展计划的能力。美国高中学生生涯教育是为21世纪的社会发展做准备的，在国家生涯发展指南框架中提出的能力要求和内容指标都是为学生的终身发展服务的。英国高中学生生涯教育也是面向学生终身发展的，生涯教育和指导协会提出的ACEG生涯教育框架详细规定了学生发展目标，要求他们在考虑当前学业发展和职业发展的同时，考虑未来发展，并为他们提供适当的生涯教育内容。日本高中学生生涯教育贯穿以人为本的思想，在关注就业指导的同时，更加注重学生生涯发展意识的培养以及未来发展能力的培养。

二、美国、英国、日本高中学生生涯教育经验对我国高中学生生涯教育的启示与借鉴

（一）转变观念，重塑对于高中学生生涯教育的合理认知

全面理解高中学生生涯教育的内涵，树立对于高中学生生涯教育的合理认知是顺利开展和有效实施高中学生生涯教育的前提。从英、美、日三国高中学生生涯教育的发展中吸取经验，我国需要重新认识高中学生生涯教育的内涵、价值与功能，树立对于高中学生生涯教育的合理认知。❶

1. 正确理解高中学生生涯教育的内涵

对于生涯内涵的认知是理解高中学生生涯教育内涵的起点和关键。生涯是个体对自己一生中各类职业活动、扮演的各类角色的持续反思与主观建构，

---

❶ 刘婕.高中语文教学助力学生生涯规划教育的策略探析[J].中华活页文选：高中版，2022（16）：3-5.

生涯具有发展性、综合性与个性化特征。因此，既不能简单地将生涯等同于职业，也不能将生涯教育等同于职业生涯教育。高中学生的生涯教育应是在生涯教育师资的主导下依据一套综合性、发展性的计划或方案实施的教育活动，通过生涯教育课程、生涯实践活动以及生涯指导或咨询等多重途径，促进学生加强自我认知与生涯认知的能力，掌握生涯决策、规划与管理能力，以更好地应对生涯发展中的变化与转衔。高中学生生涯教育首先要树立发展的观念，要让学生认识到生涯不是一次性的选择问题，而是在自己的整个生命历程中，通过自己与情境的不断互动和持续反思发展与建构而来的，需要个体不断地在反思中进行自我建构。其次，要帮助学生认识到自己在生命历程中需要扮演的学生、员工、儿女、父母等多重角色，理解这些角色之间可能出现的冲突，以及鼓励学生思考和寻找如何在不同的阶段平衡这些角色的方法。最后，高中学生生涯教育要确立个性化的观念，理解学生是建构自己生涯的主体，应当充分尊重学生的兴趣和意愿，鼓励学生思考如何在其所处的整体情境与个人意愿之间达成平衡，而不是将家长、教师或学校的价值观强加于学生。

2. 充分认识高中学生生涯教育的价值与功能

高中学生生涯教育的价值与功能绝不仅限于为新高考改革背景下的选科选择服务，或者为学生升学时的专业选择服务，这种片面的观念无疑会阻碍高中学生生涯教育价值与功能的充分发挥。高中学生生涯教育不仅具有直接的教育功能与价值，还具有面向劳动力市场的经济功能，同时还能与德育、劳动教育协同发挥育人价值。

首先，生涯教育不仅能够有效改善学生的自我认知，提升学生的自尊、自信与自我效能感，还能够促进学生为未来生涯做好准备，最终带来积极的教育成果，提高学生的学习动机，改善学业成绩，以及促进学生实现自己确立的生涯目标。其次，高中学生生涯教育的有效实施能够提高学生的生涯管理能力，从而使他们能够结合自身的兴趣、特质与价值观以及劳动力市场的需求，更加主动地探索和利用各种教育与培训机会获得所需的知识、技能以及相应的资格证书。这既有利于学生人力资本的提高，也能为劳动力市场提供所需的人才，并且还能促进劳动力市场中人才的有效流动。最后，生涯教育能够有效提升劳动教育和德育的实效。当前我国提出普通高中改革要突出德育时代性，强化综合素质培养，重视劳动教育；义务教育改革要坚持立德树人、五育并举。高中学生生涯教育可以通过创设各种机会与活动，让学生接触真实的工作世界，并且指导学生对自己与真实工作情境的互动进行反思和意义建构。学生在这一过程中不仅可以增进对各种职业的认识，了解我国当前的发展需要哪些方面的人才，加深对职业所需技能与资格的认知，也能够学会尊重不同的职业、尊重劳动的价值，结合国家与社会的发展需求思考自身的生涯目标，从而提升德育和劳动教育的实效，促进自身的全面发展。

3. 尊重学生的成长性与个性化发展

高中学生生涯教育要充分认识到学生的成长性，认识到学生在其生涯发展和建构过程中的主观能动性。高中学生生涯教育的任务绝不是根据生涯测评的结果让学生过早地做出生涯决策，而是将生涯测评的结果作为学生生涯探索的起点，为学生创造更多有针对性地认识和体验工作世界的机会，探索与其生涯测评结果相关的职业是否真正是其感兴趣的职业，同时促进学生对这些经验的反思与意义建构，推动学生思考下一步的目标与行动。在这些不断循环的过程中，加深学生的自我认知与生涯认知，同时促进其生涯规划和管理能力的发展。同时，学生的生涯发展具有个性化的特征，每个学生在成长过程中都有其特定的生涯发展需求、问题与困惑，高中学生生涯教育在以课程、团体活动等途径开展之余，也应当兼具个性化的手段，针对学生特定的问题和需求提供生涯指导与咨询，从而促进学生更好地发展。

（二）制定国家标准，细化高中学生生涯教育的目标与内容设计

1. 制定国家层面的高中学生生涯教育课程标准，发挥引领作用

从对美国、英国、日本三国发展高中学生生涯教育的经验可以发现，美国学校辅导员协会制定了综合性学校咨询项目的国家标准，确定了高中学生生涯教育的目标体系；同时，在这一国家标准的指导下，各州因地制宜，确定了适合本州的内容标准，为州内各学区的学校设计与实施高中学生生涯教育提供了指南和参考。英国在《生涯指导法定指南》《生涯战略》等政策文件中均鼓励各地在设计与实施高中学生生涯教育时，将英国生涯发展学会开发的高中学生生涯教育框架作为指南，并且鼓励各地将《盖茨比基准》作为标杆，努力提升

第三章　国外发达国家高中学生生涯教育的经验借鉴

高中学生生涯教育的质量。日本制定了高中学生生涯教育的内容体系。美国综合性学校咨询项目的国家标准以及英国与日本的高中学生生涯教育框架为其高中学生生涯教育的目标体系建构和内容组织提供了有效的支持与保障。

　　反观我国高中学生生涯教育的现状，缺乏来自国家层面的统一标准或指导文件是我国高中学生生涯教育的目标与内容出现随意性、浅表化等问题的根源所在，也是制约我国高中学生生涯教育有效开展的重要问题。因此，吸取英、美、日三国的共同经验，我国首先可以为高中学生生涯教育制定国家层面的课程标准。首先，在国家层面的课程标准中具体可以阐明高中学生生涯教育的性质和基本理念；可以结合当前社会环境、高中阶段学生的发展特征与需求以及高中学生生涯教育的相关理论来确定高中学生生涯教育的目标，并且通过对高中学生生涯教育目标的阶段性细化，提高目标体系的可操作性；可以围绕确立的目标选择高中学生生涯教育的内容，并遵从学生的发展规律，按照连续性、顺序性的原则进行内容组织，并对内容进行阶段性的细化，为各个年级高中学生生涯教育的顺利展开提供有效指导。其次，基于高中学生生涯教育的国家标准，各省可以结合本省经济、社会发展的实际情况制定相应的高中学生生涯教育实施指导意见。最后，学校可以依据高中学生生涯教育的国家标准以及本省的高中学生生涯教育实施指导意见，从本校学生的实际情况与需求出发，因地制宜地设计和开发学校层面的高中学生生涯教育方案。

　　2. 吸取国际经验，细化高中学生生涯教育目标体系

　　在国际范围内，生涯管理能力的培养已经成为高中学生生涯教育的重要目标，以生涯管理能力为核心定义高中学生生涯教育的目标，以及按照横向划分领域、纵向细分层次的内部逻辑构建高中学生生涯教育的目标体系，是英、美、日三国共同的经验。参考英、美、日三国的做法，立足我国教育改革的背景，我国高中学生生涯教育目标体系也可从生涯管理能力出发，结合当前我国提出的学生发展的六大核心素养，以充分体现高中学生生涯教育的育人价值。

　　在横向上，高中学生生涯教育的目标领域可以划分为自我认知与发展、生涯探索与认知、生涯规划与管理这三个维度。其中，自我认知与发展目标的内涵是培养学生掌握自我探索、自我评价、自我调节及自我决定的能力和主观能动性，使学生能够对自身的兴趣、特质、能力、价值观以及当前的发展情况做

出合理的评估，并且能够反思自己的不足，基于不足积极主动地进行改进和自我提升。生涯探索与认知目标的内涵在于拓宽学生对于劳动力市场与工作世界的认知，扩大学生的视野，让学生充分认识到自己未来可以选择的学习与工作机会，理解如何获得工作、维持工作以及在工作中获得进步，理解工作与生活的联系、工作对于生活的意义以及工作的价值，学会尊重劳动、消除偏见和歧视。生涯规划与管理目标的内涵在于让学生学会如何主动获取各类信息，掌握树立短期目标与长期目标的能力，并且根据目标，制订短期内的学业规划和长期的生涯规划，主动推进实施自己制订的计划，理解偶然事件的发生是不可避免的，以及掌握在偶然事件发生时灵活应对变化的能力。在纵向上，高中学生生涯教育目标可以按照年级水平进行细分，不同年级的高中学生生涯教育目标也是该年级的预期学习成果，因此也要与学生的生涯发展与认知发展水平相适应，体现目标体系的阶段性；同时，目标的划分应由浅及深、逐层递进，不断提高对学生整体能力的要求，体现目标体系的连续性与发展性。

3. 以学生为中心，改进高中学生生涯教育的内容设计

参考英、美、日三国高中学生生涯教育内容设计的经验，我国在发展高中学生生涯教育的过程中，也要注重细化高中学生生涯教育内容，以学生为中心，将高中学生生涯教育的目标作为内容设计的出发点，在内容选择的过程中，遵从发展性、实践性原则；在内容组织的过程中，保证和学生的发展阶段、发展规律相适应。

我国高中学生生涯教育内容设计要以学生为中心，学生的发展是内容选择与组织的起点和终点。首先要确定学生的生涯发展需求，将之作为内容设计的起点；其次，应从学生的角度出发，满足学生个性化的生涯发展需求，让学生在学习中能够获得满足感。

在内容选择的过程中，首先要遵从科学性原则，既要从高中学生生涯教育的目标出发，指向高中学生生涯教育目标的实现，涵盖学生生涯发展所需的知识、技能与态度，又要遵循学生的身心发展规律，以学生的生涯发展阶段和顺序为线索选择高中学生生涯教育的内容；其次要遵从实践性原则，高中学生生涯教育的重要目的在于引导学生的自我认知、生涯认知，并掌握生涯规划与管理能力，对自我的认识、对工作世界的认识以及上述能力的发展均是在活动中

实践得来的，因此，所选择的高中学生生涯教育内容要能够创设学生实践的情境，为学生的实践和锻炼提供充分的机会和空间；最后要遵循发展性原则，所选择的内容与学生在特定发展阶段的需求与能力水平相适应，能够激发学生的兴趣和动机，进而有效促进学生的发展。

高中学生生涯教育的内容组织也可以参考英、美、日三国的经验。逐级递进、螺旋上升是英、美、日三国高中学生生涯教育共同的内容组织策略，这与学生生涯和认知发展的基本特征与规律保持一致。一方面可以遵从顺序性原则。学生的生涯发展呈现阶段性特征，因此，不同发展阶段的高中学生生涯教育内容也要有所区别，根据各个阶段学生的生涯发展特征与需求来组织内容。另一方面要遵循递进性原则。学生的生涯发展呈现递进性特征，即前一阶段中习得的学习经验是后一阶段的发展基础，在同一主题之下，每一后续阶段的学习内容相较于前一阶段的复杂程度更高，对学生能力的要求也应更高。

（三）加强整体规划，完善高中学生生涯教育的实施与评价

1. 加强整体规划，争取全校支持与认同

高中学生生涯教育是学校教育的有机组成部分，其在学校中有效实施的前提是在学校层面加强对高中学生生涯教育的整体规划，形成稳定、健全的高中学生生涯教育课程计划和实施方案。参考英、美、日三国的经验，我国高中学生生涯教育的实施首先要在学校层面加强顶层设计，探索如何使高中学生生涯教育与全校整体的课程规划有机结合，整合各类资源与载体，将高中学生生涯教育"嵌入"学校整体的教育活动中，形成各年级间有机衔接、各科课程间横向贯通的实施体系；其次，高中学生生涯教育应是全校共同参与的教育活动，要增进学生、教师、家长、学校领导等对于生涯教育的理解，从而获得多方力量的支持与认同，这也是高中学生生涯教育有效实施的重要基础。

2. 立足现有资源，打造多重实施路径

英、美、日三国均通过高中学生生涯教育课程、生涯指导、个别学生计划等多重路径实施高中学生生涯教育。多种高中学生生涯教育实施路径发挥的作用相互补充，能够共同促进高中学生生涯教育的有效实施。英国通过高中学生生涯教育课程培养学生掌握生涯成功所需的知识、技能和态度；通过个人指导

为学生提供个性化的支持，鼓励学生进行反思与生涯建构；而与工作相关的学习是学生生涯探索的重要途径，可以帮助他们认识学校教育与工作世界的相关性。在美国，生涯教育课程、个别学生计划以及包含了咨询与危机响应的响应服务是实施高中学生生涯教育的主要途径，通过这些途径有效发挥高中学生生涯教育的预防、发展和干预功能。在日本，高中学生生涯教育具有较强的系统性和连贯性，发展较为成熟。

借鉴美、英、日三国的经验，我国也可以充分利用现有的课程与活动资源，在此基础上打造实施高中学生生涯教育的多重路径。首先，形成专门与渗透相结合的课程实施体系。高中学生生涯教育专门课程的内容旨在培养学生掌握自我认知、生涯认知、生涯规划与管理所需的知识、技能与态度。专门课程可以以校本课程的形式出现在课表中，以每周一次或每两周一次的频率提供；课程渗透则需要挖掘各门学科课程的生涯教育价值与功能，将高中学生生涯教育作为跨学科的主题渗透学科课程，并且鼓励学生探索与学科相关的生涯领域和生涯路径。其次，有效利用综合实践活动资源，通过综合性实践活动中的职业体验、志愿服务、社会考察等活动，为学生创造生涯认知的真实情境，提供认识和探索工作世界的机会，在情境中主动构建学习经验，增进对职业的直观体验，加深对社会的认识和理解。再次，构建以生涯教育教师为主导，全体教师共同参与的生涯指导体系。普通教师可以为学生提供各类生涯信息，特别是与自己所教学科有关的生涯信息，为学生的选择提供参考意见和支持；而生涯教育教师作为专业人士，要为学生提供个性化的、有计划的、针对性的生涯指导，帮助学生确定自己的生涯困惑、背后的原因以及可选择的办法，引导学生做出正确的决定并采取合适行动。最后，帮助学生制作自己的生涯档案袋，这也是学生制订自己的生涯发展计划的过程。生涯档案袋的制作应包括一系列自我探索和生涯探索活动，能够增进学生对自我与工作世界的认知与反思，为其生涯建构奠定基础；同时，生涯档案袋也可以作为高中学生生涯教育的成果展示和评价工具，其中包含学生自己确定的目标、与目标相一致的选课情况和毕业后的教育计划，以及学生取得的成绩、活动参与情况等内容。

3. 兼顾部分和全体，构建分层开展的实施模型

为了更好地发挥高中学生生涯教育的发展、预防和干预功能，在满足全

第三章 国外发达国家高中学生生涯教育的经验借鉴

体学生一般性生涯教育需求的同时,要兼顾部分学生特定的问题与困惑。我国可参考美国高中学生生涯教育的金字塔模型,构建我国高中学生生涯教育分层递进的实施模型。第一层级由面向所有学生的普适性高中学生生涯教育活动组成,包括高中学生生涯教育专门课程和在其他学科课程中的课程渗透,以及帮助学生制作生涯档案袋,满足学生一般性的生涯发展需求。第二层级由高中学生生涯教育的团体指导活动、工作坊、讨论会等有针对性的、由生涯教育教师引导的团体活动构成,针对那些在接受一般性的高中学生生涯教育后仍旧存在困惑或需要额外帮助的小部分学生。它可以由学生主动发起,也可以由生涯教育教师组织,为这些学生提供额外支持。第三层级是针对性更强、更为密集的生涯干预,面向的是对前两个层级的课程与指导活动均没有产生良好效果的学生,主要是针对这些学生特定的生涯发展障碍或困难提供密集干预,以帮助学生解决困惑、促进发展。

4. 制定评价标准,探索合理的评价方式

美、英、日三国为高中学生生涯教育的设计、管理、内容、实施、师资、评价等都制定了相应的标准,这一系列标准是高中学生生涯教育设计与实施的基础,也是高中学生生涯教育评价和改进的依据。同时,美、英、日三国高中学生生涯教育的评价主体多元,评价对象包括高中学生生涯教育的整体方案、实施过程以及生涯教育的结果,而且强调形成性评价与终结性评价相结合的评价方法,采用合理的工具搜集数据,以便客观、科学地对高中学生生涯教育进行全面评价与持续改进。当前,在我国发展高中学生生涯教育的过程中,首先要制定相应的评价标准与指标体系,为评价的有效实施提供依据。其次要鼓励学生、家长、教师、学校领导以及教育督导部门等多个主体共同参与,由学生、教师、学校领导等进行内部评价,家长、教育督导部门等进行外部评价,从多个角度为高中学生生涯教育的评价提供全面的信息,同时发挥多主体的监督与激励功能。再次,注重过程性评价与终结性评价的结合与平衡,过程性评价能够确定高中学生生涯教育实施过程中问题与不足,反映学生的优势与弱势、困惑与需求,生涯教育教师可以根据过程性评价及时做出改进和调整策略,并且为学生的发展提供有针对性的支持,以更好地促进学生的生涯发展。终结性评价可以呈现学生在接受高中学生生涯教育后的发展与改变,这也可以

作为高中学生生涯教育澄清自身价值，争取支持与认同的基础。最后，根据评价目的、评价对象、学习任务的性质、学生的特点（如年龄、学习风格）、学习环境等，选择恰当的评价方法，如观察法、同伴评价、项目或作业评价、生涯档案袋、反思性日记等，综合使用多样化的评价方法，能够从多个维度地呈现学生的学习与生涯发展情况，获得全面的信息，从而更加客观、高效地确定学生的优势与不足，为学生提供更有针对性的支持。

（四）建立专兼结合，能力达标的师资队伍

1. 鼓励全员参与生涯教育，形成校内合力

生涯教育并不只是生涯教师的工作，而是需要全校共同参与、共同承担生涯教育的任务，协同发挥作用。在英国，高中学生生涯教育由生涯领袖、生涯顾问以及学科教师共同发挥重要作用，一起承担生涯教育的责任。其中，生涯领袖承担生涯教育的领导、管理、协调、实施与构建关系网络等工作；生涯顾问负责为学生提供专业的生涯建议与指导，并作为重要的劳动力市场信息来源，参与高中学生生涯教育方案的设计、实施与质量保障，为高中学生生涯教育提供额外支持；学科教师既是生涯信息的提供者，又负责在教学中渗透生涯教育。在美国，高中学生生涯教育采用全校参与模式，由学校辅导员承担主要责任，由其他学校员工提供协助与支持。全员参与的高中学生生涯教育对于保障高中学生生涯教育的顺利和有效实施具有重要意义。我国也可尝试鼓励全体教师参与高中学生生涯教育。高中学生生涯教育作为一项综合性的教育与指导活动，仅依靠数量有限的生涯教育教师难以保证其充分实施，因此需要全体教师的参与。全体教师共同贡献力量，一方面能够分担生涯教育教师的重任，弥补生涯教育教师数量有限、负荷过重的不足；另一方面也能将高中学生生涯教育有机融入学校日常的整体教育活动和学校氛围中，充分发挥高中学生生涯教育的功能。专职的生涯教育教师通过生涯教育专门课程、生涯指导团体活动以及个别指导等途径发挥作用；而学科教师通过为学生提供与所教学科相关的生涯信息、鼓励和支持学生探索本学科领域的生涯路径以及通过学科教学开展生涯教育等途径发挥作用。班主任作为密切关注学生学习与生活的教师，在高中学生生涯教育中也能够发挥重要的作用。班主任一方面可以密切关注学生的发

展情况，与生涯教育教师互通有无，为生涯教育教师提供学生学业、行为等方面的一手信息，使生涯教育教师对学生的发展情况有更加全面、直观的了解；另一方面可以为学生提供生涯发展的初步意见和建议，鼓励学生向生涯教育教师寻求专业的支持和帮助，并为学生制订学业规划和生涯规划提供帮助。此外，我国部分地区和学校已经开始探索全员导师制的做法，即每位教师都要担任若干学生的导师，为其心理、学业、生涯、行为等方面的发展提供建议与指导。这种做法既强化了全校教师对于高中学生生涯教育的理解与认同，也能增加学生获得个性化的指导与支持的机会，可以尝试在其他地区进行推广。

2. 加强专业培养，提高教师开展高中学生生涯教育的能力

教师是高中学生生涯教育得以有效开展的重要保障，具备专业能力和素质的师资力量对于发展高质量的高中学生生涯教育至关重要。总体来看，生涯教育教师应当具备开展高中学生生涯教育的理论、方法与实践等基础能力，与学生直接互动提供生涯指导咨询的能力，为高中学生生涯教育创造更好环境和更佳条件的支持性能力，以及遵从职业伦理、持续专业发展的专业精神。英国的生涯领袖、生涯顾问，以及美国学校辅导员的专业标准与培养内容均覆盖了这些内容，并且强调定期的在职专业培训，以保障和提升生涯教育师资的专业素质。

当前，我国高中学生生涯教育尚不具备专业化水平较高的生涯教育师资队伍，这无疑会阻碍高中学生生涯教育的顺利开展和实施。因此，我国首先可以尝试针对生涯教育教师制定相应的专业标准。专业标准反映了生涯教育教师在开展和实施高中学生生涯教育的过程中需要承担的多重专业角色和相应的能力领域，参考国际上针对生涯教育师资的能力要求，这一专业标准包括：

①开展高中学生生涯教育的基础能力，如生涯发展理论、生涯测评技术等理论知识与实践方法。

②为学生提供生涯指导与咨询的能力。

③管理和改进高中学生生涯教育的能力。

④专业精神，如遵守职业伦理、进行反思性实践和持续专业发展等。

其次，注重生涯教育教师的培养，其培养内容要包含作为生涯教育教师的"应知、应会"，既要注重培养其掌握高中学生生涯教育的基础理论知识和

实践方法，又要注重培养其专业实践能力，同时也要加强其对劳动力市场的认识，提高其公正意识，从而使其能够充分发挥自身的作用，加强高中学生生涯教育与劳动力市场之间的联系，为学生提供公正的高中学生生涯教育与指导，鼓励学生消除偏见，充分了解与探索所有可能的教育与职业路径。再次，针对班主任、学科教师等其他共同参与高中学生生涯教育的师资力量，也要在其专业培养中加入高中学生生涯教育的相关内容，强化这些教师对于高中学生生涯教育的理解和认同，加强全体教师共同参与高中学生生涯教育、协同发挥作用的意识，普及高中学生生涯教育的基本理论、知识与指导方法，使这些教师理解高中学生生涯教育的目标、内容和重点任务，提高识别和确定高中学生生涯发展问题与困惑的能力，以及提高初步的生涯指导能力和参与高中学生生涯教育的协作能力。最后，在学校生涯教育师资力量薄弱的情况下，还可以考虑从校外聘请专业人士作为兼职生涯教育教师，为高中学生生涯教育的开展提供补充和支持。参考英国等国的经验，在聘用兼职教师时，第一要确定专兼职教师的职责分配与协作机制，避免二者之间的职责重叠；第二要促进专兼职教师之间充分的沟通与交流，使兼职教师在为学生提供生涯指导之前，对学生的学业成绩、生涯兴趣、课程选修等个人情况有充分的了解，从而加强生涯指导的针对性；第三要求兼职教师及时跟进对学生的生涯指导，促进学生的反思与行动，从而提升高中学生生涯教育的整体效果。

（五）汇聚多方力量，充分发挥社会合力

高中学生生涯教育是涉及学校、家庭、社会、劳动力市场的综合性的教育活动，因此由学校一力承担高中学生生涯教育的任务是远远不够的。从英、美等国的经验中可以发现，多方力量共同参与高中学生生涯教育，是高中学生生涯教育顺利开展和实施的有效保障。因此，参考国外经验，我国当前发展高中学生生涯教育，也需要鼓励政府、学校、家庭、社会、科研机构等多个主体共同参与，形成社会合力。

第一，政府发挥引导作用，提供政策与资金支持。从英、美、日三国高中学生生涯教育的历史经验中可以发现，政府在高中学生生涯教育的发展过程中发挥着不可忽视的作用。我国政府在高中学生生涯教育的发展中也应发挥重要的引导作用，通过出台相应的政策法规，确立高中学生生涯教育的重要地位，

第三章 国外发达国家高中学生生涯教育的经验借鉴

为高中学生生涯教育的实施提供法律保障。在地方层次，地方政府可以负责探索和开发与本地情况相契合的高中学生生涯教育实施方案，并制定相关的指导文件，推进高中学生生涯教育的实施。同时，政府要为高中学生生涯教育的开展提供必要的资金，为实施高中学生生涯教育在师资、设施、设备、资源、活动等方面提供资金支持和物质保障。

第二，学校是开展高中学生生涯教育的重要场所，承担高中学生生涯教育的主要责任，因此在学校层面要进行整体规划，将高中学生生涯教育有机嵌入学校整体教育计划中，加强全体教师与学校领导对于高中学生生涯教育的认识与重视，在校内构建整合专门课程、学科渗透、个别指导、生涯实践活动等多重路径的高中学生生涯教育实施体系，指导学生制定自己的生涯档案袋，充分发掘校内已有资源以及开拓校外资源，为高中学生生涯教育的开展提供时间、空间与资源的保障。

第三，企业、校友、社区等社会力量也应成为高中学生生涯教育的重要合作者。企业可以参与高中学生生涯教育的方案设计、实施与评价的过程，为学生提供工作场所参观、职业体验等教育资源，为生涯实践活动提供真实情境，帮助学生认识工作世界以及当前新材料、新能源、新型信息产业等新兴产业与制造业、服务业、农业等传统产业不同的生产方式以及对人才不同的知识和技能要求。鼓励学生参与社区服务等实践活动也是实施高中学生生涯教育的重要途径，参与社区服务、社区文化建设等活动可以让学生了解自己生活的社区中存在的不同类型的工作，理解不同的工作对于维持社区正常运转的贡献，使学生尊重所有工作的价值，并且思考自己做出的生涯选择与决策会对社区带来何种影响。校友也是重要的资源，英国的中学以及地方当局就非常重视校友在高中学生生涯教育中的作用。因此，我国学校一方面可以搜集校友的相关信息，如校友当年的选课、就读院校、专业方向乃至就业单位，以及校友对于学校开展生涯教育的意见和建议等，并将其作为评价和改进学校高中学生生涯教育方案的重要依据，同时让在校生使用这些信息为自己的生涯选择提供参考；另一方面，可以邀请校友作为各职业的代表，为学生提供自己所处行业企业以及工作岗位的一手信息，帮助学生了解不同的职业及其相应的教育和培训要求。

第四，家庭对学生的生涯发展有着重要的影响，因此，在高中学生生涯教育的开展过程中，首先要鼓励和吸引家长参与，促使家长理解高中学生生涯教育的理念和方法，引导家长理解和认可学生的个性、特长、成长规律和生涯发展的需求，尊重和支持学生做出的生涯选择。此外，家长可以积极参与到高中学生生涯指导的过程中，与生涯教育教师一同帮助学生应对生涯发展中的问题和困惑，为学生确定目标以及制订相应的规划提供支持。此外，家长同样可以作为生涯信息的提供者，为学生提供关于自身从事职业的相关信息，增强学生对不同职业的认知。

第五，科研机构与专业组织在高中学生生涯教育的发展和实践中也扮演着支持与促进的重要角色。英国与日本对生涯教育领域有较深的理论研究，为高中学生生涯教育的实践提供了指导，并且制定了生涯教育师资的专业标准和伦理标准；美国学校辅导员协会也针对包括高中学生生涯教育在内的学校咨询项目制定了一系列框架，为高中学生生涯教育的实施提供了标准参照，并且致力于推动综合性学校咨询理论与实践的发展。我国也应鼓励科研机构和专业组织发挥作用，一方面在国外较为成熟的理论基础之上探索与建构本土化的生涯发展理论，为高中学生生涯教育提供理论支持；另一方面推动生涯教育师资能力标准与伦理标准、高中学生生涯教育课程标准等的制定，为高中学生生涯教育的实践提供支持。

第四章 我国高中学生生涯教育面临的现实与挑战

第一节 高中学生生涯教育的多元价值

价值哲学认为，价值是客体对主体的意义或有用性。价值是关系范畴和属性范畴的综合体，它体现了客体功能属性对主体需要的满足关系。教育价值是教育作为客体对教育主体需要的满足关系。在教育实践中，教育主体对教育客体的不同需求，表现为教育主体的不同价值选择和价值取向。这些教育主体的价值取向直接或间接地在教育实践中影响教育行为。从某种意义上说，人们决定采取某种教育变革，最为原始的动力就是认可这种教育变革的理念和行为的价值。❶

一、高中学生生涯教育有助于促进学生全面发展

传统的教育和培养模式，无法适应新时代社会发展对于学生全面发展的本质要求，而高中学生生涯教育就是对传统教育最好的补充，它的重要意义在于让学生明白"究竟是为谁学习""为什么学习""以及为什么而活""这一生应该怎么活"等一系列问题，贯穿了人一生的发展历程。

---

❶ 尹贝贝．普通高中生涯教育的实施途径探索［J］．西藏教育，2022（1）：18-21．

生涯规划是高中学生生涯教育的核心内容，包括学业规划、职业规划、人生规划三个层次。高中阶段是学生个性形成、自主发展的关键时期，也是学生未来人生发展道路的转折点，对个人价值实现及促进社会发展进步具有特殊意义。在这个阶段，学生的心智水平、知识能力、综合素质等都处于高速发展的时期，他们自身的兴趣和特长逐渐被激发，需要学校、家庭、社会帮助和引导其对自身生涯进行分析和规划，使他们在人生的关键时期形成设计自身道路的意识和能力，为以后的人生之路打好前期基础。

从这个意义上说，高中学生生涯教育能够关注到每个学生的发展特点，并根据每个人的特性，使每个人的潜能和能力都能得到激发和发展，其宗旨是促进人的全面发展，使人最大限度地实现自我价值，找到适合自己的发展路径。

二、高中学生生涯教育有助于缓解社会就业压力

从某种意义上说，高中学生生涯教育与就业问题直接相关。就业问题是由多重因素导致的，其中既有社会大环境等因素的影响，也有学生没有很好地进行就业规划、自身的就业目标模糊、扎堆选择一些高待遇的工作、对自己没有合理的定位等个人方面的原因。从目前的情况来看，很多时候教育改革和课程改革虽然在各个学校紧锣密鼓地开展，但是教育模式并没有发生实质性的变化，教师依然采取传统的传授知识教育模式，缺乏对学生创新精神、综合素质的培养，不利于学生全面发展，不利于学生对自身产生正确的认识，从而积极地对自己的未来进行规划。因此，学校应及早通过高中学生生涯教育为学生设置系统性的课程，进行一系列的积极引导和教育。若在高中阶段学生就能对自己的兴趣爱好、特长、职业目标、职业理想有全面的认识，在进入社会后，学生对自身定位和工作目标也会有更清晰的认识，而这显然有利于缓解社会就业压力。高中阶段恰好是学生心智不断成熟发展的阶段，也是对学生进行有效的生涯规划引导的阶段。如果能够通过合理的高中学生生涯教育介入学生的成长，就能够让学生对未来的专业选择、职业选择做好充足的准备。

三、高中学生生涯教育有助于应对高考综合改革

如前文所述，高中学生生涯教育的兴起在很大程度上源自高考改革的现实

需要。2010年7月,《国家中长期教育改革和发展规划纲要(2010—2020年)》提出了"鼓励有条件的普通高中根据需要适当增加职业教育的教学内容。探索综合高中发展模式。采取多种方式,为在校生和未升学毕业生提供职业教育""建立学生发展指导制度,加强对学生的理想、心理、学业等多方面指导"。随着经济和社会的快速发展,我国政府意识到在基础教育阶段实施生涯教育的必要性。2014年,教育部启动了新一轮的高考改革,其中提出要"落实学生的选择权"。此轮高考改革的最大特点就是在一定程度上给予了学生选择学科及考试科目的自主权。相应地,高校录取方案也发生了很大的变化,这就从政策上要求学校对学生实施生涯教育。随着各地高考改革的深入,越来越多的学校和教师开始重视对学生进行生涯教育,生涯教育也将逐渐展现出其蓬勃而强大的生命力。

第二节 我国高中学生生涯教育的现状

经调查数据分析显示,我国高中学生生涯教育的现状体现在五个方面,分别是目标不明确、内容不完善、实施方式单一、缺乏有效的评价和反馈机制、师资缺乏。

一、高中学生生涯教育目标不明确

高中学生生涯教育活动有三个层次的目标,从低到高分别是:促进学生的生涯成熟,帮助学生面对生涯选择问题;培育学生的自主意识和未来愿景,促进学习动机内化;引导学生思考未来人生,加强三观培养。

部分学生的自主意识尚不够成熟,未来愿景尚不够明确;尤其是部分长期生活在高控制教育模式下的学生,仍习惯于在被动的环境下成长。高中学生生涯教育应该促使学生意识到自己肩负选择人生命运的责任,要成为自己人生传记的作者,要有选择意识和后果承担意识,形成自我管理的习惯。高中学生生涯教育应该帮助学生形成值得憧憬且切实能达到的愿景目标,使学生能够在愿景目标的吸引下,提高学习动机的内化程度,成为学习的主人,更加积极主动地采取自我调节学习策略。

在现实生活环境中,有利于学生三观积极发展的条件尚不够成熟;在学生常接触的人物中,具有积极三观的榜样尚不够充足。在高中学生生涯教育中,教师要选择一些具有鲜明时代特征的人生榜样,将其作为学生扩展视野的素材,引导学生了解各种高层次的人生追求,帮助学生意识到自己人生发展的方向和目标,培养积极向上、健康成熟的人生观、价值观、世界观。

二、高中学生生涯教育内容不完善

高中学生生涯教育内容直接影响到学校"应该和能够教什么"的问题,是实施高中学生生涯教育的重要抓手,其理应是基于对学生需求和发展的现实考量和学校的实际情况做出的统一。当前,我国高中学生生涯教育还没有研发专门的教材,也没有可供指导的教学方案,不少学校不知从何入手,这直接导致了高中学生生涯教育内容的不完善。根据调查结果,目前高中学生生涯教育的内容较为单一和传统,主要面向学生的升学和选科、学业指导等方面,对学生自我认知、生涯意识与能力培养、职业认知和探索等内容涉及较少,主要着眼于解决学生目前的学业任务和应对新高考改革提出的选科指导任务,忽视了学生的个性需求,难以做到切实地从学生自身出发,为学生提供真正适合学生发展的指导。仔细分析,当前的这种形式只是包上了高中学生的外衣,并没有涉及高中学生生涯教育的实质内容。帮助学生选择科目和专业,固然是我国高中学生生涯教育的重要内容,但这一工作应该是学生在对自我以及大学环境和职业社会环境进行充分认识和探索的基础上开展的,是在学生具备了充分的生涯意识和选择规划能力之后进行的环节。因此,高中学生生涯教育的内容应该更加注重帮助学生认识自我、大学环境及职业环境,从而有效地指导学生做出科学选择。❶

三、高中学生生涯教育实施方式单一

高中学生生涯教育实施方式单一首先体现在没有根据学生的年级差异制定具体的高中学生生涯教育内容,即高中学生生涯教育的内容和实施没有明显的年级差异;其次体现在没有考虑到学生的性别差异,没有根据男女群体的不同

---

❶ 曹凤莲.由高中生涯教育谈心理健康教师专业成长[J].江苏教育,2022(16):10-13.

个性特征设置不同的内容和活动形式,影响了高中学生生涯教育的实施效果;再次体现在忽视学生的家庭资源等隐性因素,在实施中没有考虑到学生所拥有的教育资源和社会资源。相关调查结果显示,学生的生涯发展水平受到性别、年级及家庭所在地等因素的影响,而高中学生生涯教育又是面向个体发展的,因此,学校在实施高中学生生涯教育时,也应注重尊重学生的主体差异,深入了解学生的个性特点、家庭背景等,根据学生的气质类型、风格偏好进行相应的高中学生生涯教育,制定适合学生个性发展和终身发展的高中学生生涯教育指导内容,选择合适的指导方式,使高中学生生涯教育的实施取得有效成果。

在目前我国的高中学生生涯教育实施方式中,传统的主题班会以及家长会所占比重最高,同时辅以专题讲座和生涯教育课程。可见,我国高中学生生涯教育的实施方式仍然比较传统和单一,不足以满足学生的需求。对此,学校需要大胆革新,探索新颖高效的高中学生生涯教育实施方式,满足学生的个性发展需求。

四、缺乏有效的高中学生生涯教育评价和反馈机制

高中学生生涯教育评价环节是学校管理者对学生的高中学生生涯教育成效、教师的高中学生生涯教育情况、学校的高中学生生涯教育方式等进行评估并将此作为高中学生生涯教育系统进一步优化的方向和依据。但现实中,学校往往不重视评价反馈环节,难以把握高中学生生涯教育的实际成效,为高中学生生涯教育系统的进一步动态优化发展带来困难。这一点主要体现在对部分环节监督评价的忽视以及未利用评价结果及时调节系统的运行。

在部分学校的高中学生生涯教育实施环节中,所有高中学生生涯教育方式(高中学生生涯教育课程、高中学生生涯教育活动、高中学生生涯指导活动)都缺少管理者、教师和学生对其本身的评价,如目标达成情况、内容适切性等。在部分学校的高中学生生涯教育实施环节中,针对学生的评价只出现在生涯通识课程当中,以每课时作业单和实践作业的文本报告作为评价依据,评价方式较为单一且宽松,暂无细化的评价指标体系。另外,在高中学生生涯教育设计环节、部署环节均没有专门的监督评价人员,也没有让学生发挥其监督评价作用。这种情况不利于引起教师和学生对高中学生生涯教育的重视。

根据高中学生生涯教育目标、愿景和理念,对高中学生生涯教育各类活

动的开发、过程、结果进行定期诊断和评价，找出与目标之间的差距，对顶层规划和实施方式进行修改、校正，使高中学生生涯教育系统最大限度地接近高中学生生涯教育目标，是高中学生生涯教育管理必不可少的一个环节，既可以检验高中学生生涯教育愿景、目标与理念之间的符合程度以及它们之间的内在逻辑，又可以检验实施方案的可行性程度，还可以检验学生生涯发展的情况，起到很好的反馈作用。但是，部分学校本身缺乏对高中学生生涯教育方式的评价，高中学生生涯教育评价结果的借鉴性不高，也谈不上对高中学生生涯教育评价的运用和反馈。

五、高中学生生涯教育师资缺乏

当前我国大部分学校极度缺乏高中学生生涯教育师资，高中学生生涯教育多由心理教师、德育教师以及班主任、学科教师等兼任。由于这些教师并没有经过系统的生涯教育理论及实践培训，没有掌握系统的生涯教育技巧，对高中学生生涯任务、选课选科以及大学的专业设置和社会职业种类和性质等知之甚少，在开展高中学生生涯教育时往往延续传统的班级授课制教学方式，辅以讲座、班会和家长会的形式，造成了高中学生生涯教育实施方式的单一化和传统化，严重影响了高中学生生涯教育的实施效果。另外，由于当前我国高中教学任务过于繁重，教师们很难有时间为学生提供一对一专业性的指导，导致高中学生生涯教育形同虚设，难以起到应有的指导作用。

第三节　我国高中学生生涯教育的问题分析

随着我国高中教育改革的不断推进，高中学生生涯教育正在受到前所未有的关注和实践。上海、浙江、北京、山东等多个省市开展了对高中学生生涯教育的探索，各个学校也逐步摸索出适合学生发展的高中学生生涯教育实施方案。但是，我国高中学生生涯教育的实施现状不容乐观，有相当多的学校并未开展高中学生生涯教育，更有不在少数的学校包括教师对高中学生生涯教育闻所未闻，更不用谈如何更好地实施高中学生生涯教育了。由此可见，高中学生生涯教育的重要性仍没有引起学校和社会各界的重视，甚至受到一部分教师和家长的抵制，我国高中学生生涯教育的真正落实任重道远。究其根本原因，可以概括为传统应试观念束缚、相应制度保障缺失和缺乏社会资源支持三大方面。

一、传统应试观念束缚压制我国高中学生生涯教育实施

在"多出人才、出好人才"的社会现实选择下，集中力量办一批重点学校成为当时的政策选择，重点/示范高中在我国如火如荼地建立起来。现在看来，这一政策破坏了高中教育发展的内在生态，同时导致高中教育定位发生偏差，过于重视学生的高考成绩和升学率，给我国高中的健康发展带来了难以磨灭的影响。在这种教育观念的支配下，我国高中一直作为高等教育的储备机构存在，高考成为高中教育的根本目标和任务，社会各界对高考寄予厚望，家长们对升学率高的学校趋之若鹜。在现实的压力下，我国高中只能以知识教学为唯一途径，忽视学生的综合素质发展，片面看中分数。这一点也不难理解，相对于培养学生对自我的认知、对职业的选择、对大学专业的了解以及自身生涯发展意识和规划能力这种难以在短期内看到实效的方式，提高学生的高考分数进而提升学校升学率显然是更为快捷和有效的手段。❶

当前，我国高中实行以分科教学为主的教学模式，以传授学科基本知识和基本技能为主要教学任务，促进了学生在短时间高效率地吸收各学科的精华，但也造成了过于重视书本知识，而忽视学生生存和实践能力的弊端。与此同时，当前我国高中以升学为主要任务，绝大多数学生都在高中毕业后都会选择继续接受高等教育，而传授学生基本生存技能的生涯教育在我国高中教学中逐渐淡化。当前我国高中教育已进入普及化阶段，社会重新开始了对我国高中办学任务的广泛讨论，然而传统观念并没有发生根本转变。随着社会各界对学历要求的逐渐提高，随着高等教育的不断扩招，当前绝大多数的高中学生都选择进入高等学府接受更为专业的高等教育，所以一种认为我国高中只有为升学做准备这一单一任务的观点不绝于耳。可想而知，在这种观念下，我国高中将一如既往陷入片面追求升学率的漩涡，而将高中学生生涯教育束之高阁。另外，

---

❶ 黄凤培.普通高中语文学科渗透式生涯教育机制[J].中文科技期刊数据库（全文版）教育科学，2023（2）：180-183.

我国高中并没有真正理解高中学生生涯教育的内涵和价值，没有认识到高中学生生涯教育之于实现学生终身发展和素质教育的重要意义，简单地将高中学生生涯教育理解为职业培训，认为高中阶段学生的主要任务是学习，面临的任务是升学而不是就业，因此不赞同在我国高中开展高中学生生涯教育，这也使高中学生生涯教育难以在我国高中真正落实。

在当前社会多元和社会分层加快、高中学生的多元性日益增强以及高中教育实现普及的背景下，我国高中迫切需要破除以升学率、高考成绩为唯一衡量标准的教育观念，构建以促进学生的生涯发展为目标的教学和育人体系，建立学生发展指导制度，真正落实高中学生生涯教育，为这些成长中的学生提供有针对性的支持与指导。

二、相应制度保障缺失制约我国高中学生生涯教育实施

梳理世界各国高中学生生涯教育的实践历史，不难发现高中学生生涯教育的有效实施需要社会各方面的支持与配合，需要国家颁布相关法令为高中学生生涯教育提供专门的制度和经费保障，以指导高中学生生涯教育的真正落实。但是，当前我国并没有明确高中学生生涯教育在我国高中的地位，导致我国高中学生生涯教育的实施缺少制度保障，主要表现为缺少课程管理制度、教师管理制度和校外合作制度。课程管理制度缺失主要表现为两个方面：一是没有具体规定高中学生生涯教育作为一门课程得到有效实施，没有对高中学生生涯教育的课程类型、课程设置、课程实施等从制度层面做出具体安排，也没有明确课程的授课对象、授课时间与空间，真正为课程的落实提供制度保障；二是没有具体落实高中学生生涯教育的内容，导致各学校高中学生生涯教育的内容都是基于学校自身的理解，内容参差不齐。教师管理制度缺失主要表现为专业标准、职业制度的缺失。专业标准是指国家对教师专业素质的基本要求，是教师培养、准入、培训、考核等工作的重要依据。我国高中学生生涯教育的有效实施离不开专业的生涯教育师资团队，这就需要国家从制度层面制定统一的生涯教育师资专业标准，为生涯教育教师培养考核提供合法依据。但是，当前我国尚未从制度层面确定生涯教育教师须具备的专业素养，对其的理论探讨也不多，仅有个别研究从教师胜任力角度出发，构建了生涯教育教师胜任力模型，但是还没有开始较为系统的研究，导致我国高中难以对教师进行评价和考核。

职业制度缺失是指生涯教育教师的职业身份没有制度保障,国家并没有出台相应的政策明确规定生涯教育教师的身份、地位、岗位和待遇,这也导致当前虽然有越来越多的教师参与到生涯教育教学实践中来,但这些教师大多由各学科教师、心理教师、德育教师或班主任兼任,缺少专职的生涯教育师资。对此,山东省提出要逐步建立以班主任、心理健康教师为主体,专职教师为骨干,学科教师共同参与的生涯教育师资队伍。另外,高中学生生涯教育不同于传统的学科教学,单靠学校的力量是难以实现的,需要得到社会各种资源的支持和配合,如需要生涯教育理论的不断更新与补充,需要各种心理咨询和辅导技术的辅助以及可供学生体验和实习的社会实践基地的开发。面对这一项系统工程,必须要在国家层面建立起相应的法律和制度体系,为高中学生生涯教育的有效实施提供完善的制度保障,使各种资源相互配合,共同促进高中学生生涯教育的实施。

三、社会资源支持缺乏困扰我国高中学生生涯教育实施

我国高中学生生涯教育的实施需要整个社会的配合和支持,不仅需要国家层面对高中学生生涯教育给予政策支持,还需要学术界进一步明确我国高中学生生涯教育的目标、内容等,以指导实践的发展,同时还需要社会机构如企事业单位、高校等为高中学生提供更多的参观和实习机会。当前,受制于以上三方面的束缚,我国高中学生生涯教育开展难度增大。

一是缺少国家政策支持。近年来,随着我国高中教育改革的推进,开展高中学生生涯教育成为必然趋势,教育部、各省市纷纷发布文件,鼓励和支持有条件的学校开展高中学生生涯教育。但是,高中学生生涯教育仍然没有真正纳入我国高中课程体系中,没有建立相应的评价机制,这直接导致了高中学生生涯教育难以得到重视,很多学校并没有给予高中学生生涯教育适当的课时安排,影响了高中学生生涯教育的真正落地。

二是缺少学术研究支持。在我国,高中学生生涯教育仍然是一个比较新鲜的事物,相比于西方发达国家,我国对于高中学生生涯教育的理论探讨较为稀缺。近几年,随着高考改革的逐步推进,高中学生生涯教育开始在我国得到推广,我国也出现了一些关于高中学生生涯教育实施方面的论文,学者们也开始对高中学生生涯教育的实践状况进行反思,在理论层面对高中学生生涯教育

的内涵、价值、内容等方面进行了一些探讨，但仍存在多实践、少反思，重形式、轻质量的问题。另外，我国高中学生生涯教育的研究成果同质化比较严重，质量参差不齐。理论研究内容多集中在高中学生生涯教育的内涵、开设高中学生生涯教育课程的重要价值、高中学生生涯教育的指导思想及基本原则等方面；实践研究多是关于生涯教育如何具体实施，并提出了较为宽泛和同质化的改进对策，缺乏创新。理论指导实践，因此当前高中学生生涯教育学术研究稀缺是导致我国高中学生生涯教育难以实施的主要因素之一。

三是缺少社会机构支持。我国高中学生生涯教育的开展不仅需要学生接受理论学习，还需要学生进行实际的社会实践。这就需要社会机构为学生提供与社会接触的机会，积极引导学生对外部世界尤其是职业世界进行探索和体验，使学生了解各行各业的发展趋势，并在职业探索和体验中树立对社会和职业世界的基本认知，探索并寻找适合自己兴趣和能力的职业偏好，树立正确的职业发展观。

然而，一直以来，我国高中与外界的联系并不紧密，学校和企事业单位之间很少建立合作关系，这就为高中生到企业进行实习或调研带来了不便。有的学校虽然与某些企事业单位建立了合作关系，但这种合作关系并不紧密和持久。另外，高中学生的调研和实习也存在走过场、形式化等问题，很难落到实处。因此，大多社会机构没有意愿成为高中学生生涯教育的校外基地。

第四节 我国高中学生生涯教育的优化建议

结合高中学生生涯教育现存问题，当前我国高中应该建设完善的高中学生生涯教育体系，以解决高中学生生涯教育教学活动与学生需求不符、"家—校—社"三位一体互动教学形态缺失等问题，对此，必须要实现3个生涯指导、1个生涯体验、1个生涯平台。3个生涯指导即教师教育指导、学生发展指导和家长成长指导。教师教育指导是指教师理论知识培训、教材教法培训、教具用法培训以及相关校本课程开发，这是完善高中学生生涯教育体系的核心任务；学生发展指导即高中学生生涯教育教学活动的全面有效实施，这是保证高中学生生涯教育实施的重点任务；家长成长指导即帮助家长学会如何指导学生完成生涯规划，促进家校互动，助力学生全面发展，这是稳固高中学生生涯教育成果的刚需任务。1个生涯体验指的是生涯实践体验，主要包含考察探究活动、社会服务活动、职业体验活动、党团教育活动等4项活动。1个生涯平台是指生涯教育云平台，主要包含用来学习线上生涯课程和电子课件的生涯学习模块、用来完善自我认知和生涯规划的生涯测评模块、用来链接省综合素质云平台的综合素质评价模块、用来记录学生生涯规划学习与进程的生涯电子档案模块、用来指导学生进行高考志愿填报的智能升学报考模块、用来连接家、校、社三方的生涯社区大学模块。❶

目前我国高中学生生涯教育全面实施"3＋1＋1"难度颇大，需要从以下几方面入手进行优化。

一、加强学生生涯意识和规划能力指导

根据调查数据，高中学生生涯发展意识和生涯规划能力的形成及完善主要缺失在三大阶段，一是高一刚入学时，二是高一上学期，三是高考志愿填报结束后，即我国高中学生生涯教育内容框架中提出的"初中高中衔接、高一学年上学期、高中大学衔接"这三个阶段。由此，为进一步提升学生的生涯意识和规划能力，我国高中应结合学生不同阶段的生涯任务及活动需求，积极做出相应的活动设计，在趣味性和娱乐性中，充分体现高中学生生涯教育教学活动的体验感、浸入感，让学生真正做到在"玩中学、错中学、做中学"。但是，由于生涯教育教师能力薄弱和教学活动设计单一，在此主要提取"高中生涯全程体验活动"、高一学年上学期自我认知探索任务中的"自我认知趣味探索活动"、高中大学衔接阶段大学感知体验任务中的"准大学生生涯体验活动"等能够显著加强学生生涯发展意识和生涯规划能力的活动，予以重点介绍，从而更具体地加强学生生涯发展意识和生涯规划能力。

高中全程生涯体验活动即通过小组桌牌游戏方式，以高中学业为主线，以高中各个阶段生涯任务为重点，穿插初高中异同、班级分层教学、学业成绩波动、家庭情况变化等几个维度，让学生在连续的课时内熟悉高中三年每一阶段的

---

❶ 朱文斌，赖光明，周素雅."知·行·省"生涯教育模式对高中生生涯适应力影响的实践研究[J].中小学心理健康教育，2023（4）：14-17.

具体生涯任务和学校、家庭等在学生学业进程及生涯规划中的不同作用，让学生充分体会到初高中学业、生活的差异，以及涵盖高中阶段全程的学业任务、生涯任务以及自身责任，从而将其转变成学习动机，助力自身学业水平提升。

高中全程生涯体验活动以桌游形式展开，首先，应根据高中阶段完整的生涯内容框架，设计各个阶段不同的生涯任务卡，如贯穿高中始终的学业能量卡、高一上学期的自我认知卡、高一下学期的选科认知卡、高二上学期的职业认知卡、高二下学期的专业认知卡、高三上学期的路径认知卡、高三下学期的升学认知卡等卡牌，让学生在活动中全面了解高中三年的生涯任务。其次，要明确学生的主体地位，在卡牌设计上，分为5大类别，分别是班级卡、努力卡、分值卡、家庭卡以及金币卡。班级卡代表学生高中入学后的班级整体学业水平情况，贯穿高中三年。因选课、选科等情况的出现，会发生分层教学，从而出现变换班级卡的情况。努力卡代表学生高中阶段的努力程度，由于学生对于新环境的适应性不同，努力值也会不同，适应性强以及学习习惯好、学习劲头足的同学，努力值就越高，反之越少。分值卡代表学生高中阶段的学业成绩，其会根据学生每一学期收获的努力值发生变化，从而引导学生明确努力与成绩的正相关性，激发学生的学习动机和内驱力。家庭卡和金币卡分别代表学生的家庭情况和家庭经济收支。家庭的变化，尤其是因不可抗因素导致的家庭变化、经济方面的波动等都是家庭可能会对学生学业发展产生的影响，让学生及早地了解未来家庭可能出现的变化，对学生的抗压能力以及责任意识也会形成潜移默化的影响，从而促进学生责任意识的养成，从"小我"发展到"大我"，从学业、生活、学校、家庭等方面全面了解高中阶段的生涯发展及变化，做到合理规划、趋利避害、勇于担责、全面发展。

自我认知趣味探索活动即在原有的网络版测评和纸质版测评基础上，筛选适应现阶段我国学生群体且符合学生发展状态的行之有效的测评问卷及解读方法，打破唯网络测评对计算机和网络信号的依赖、纸质测评的枯燥乏味，利用卡牌形式，根据测评的维度设计固定维度卡，根据筛选出的测评问卷编制设计测评问题卡，由此组成不同主题的自我认知趣味探索卡，结合小组活动及教师指导，形成自我认知趣味探索系列活动，并根据自我认知的不同测评，设计出多个有趣且行之有效的测评活动，如多元智能测评活动、霍兰德职业兴趣测评活动、MBTI性格测评活动、学习观测评活动、学科兴趣测评活动。

很多高中生在高考结束以后,面对大学学习和生活的未知,会陷入一个迷茫的阶段,表现为不知道做什么、没有目标的状态。因此,在这一阶段应该开展准大学生生涯体验活动,引导学生提前感知和体验大学生活,为学生接下来在大学阶段中的良好发展奠定基础。准大学生生涯体验活动不仅是一种身心的感受,更是一个培养综合素质、开阔视野的机会,其内容结合学生的身心特点、接受能力和实际需要,注重知识性、科学性和趣味性,不仅具有较强的教育性,而且可以帮助学生更好地了解大学生活,熟知大学相关专业教学及科研情况,学会自主学习的方法技巧。此外,准大学生生涯体验活动还具有较强的实践性,更加注重引导学生真实体验大学生活,通过带领学生走进大学,感受大学生的日常学业生活,获得对大学生活的真实感知。

二、结合学生实际,开发高中学生生涯教育内容

进入21世纪以来,世界各国都开始了对高中学生生涯教育内容框架的制定和完善,出台了一系列高中学生生涯教育指导性文件。我国由于对高中学生生涯教育的研究起步较晚,还没有形成系统的指导性文件,我国高中开展高中学生生涯教育大多由学校和教师自行探索,这也导致了我国高中学生生涯教育实践参差不齐。根据学生高中阶段发展需求,按照高中阶段各学年的时间进度,可以将我国高中学生生涯教育初步分为高一学年上学期、高一学年下学期、高二学年上学期、高二学年下学期、高三学年上学期、高三学年下学期六个基本阶段,并根据学生学业发展进度及学生学业规划需求,给予每个基本阶段对应的生涯任务,如高一学年上学期的任务是自我认知探索,高一学年下学期的任务是选课、选科决策,高二学年上学期的任务是职业行业体验,高二学年下学期的任务是大学专业探索,高三学年上学期的任务是升学路径规划,高三学年下学期的任务是志愿填报模拟。

为保证高中学生生涯教育的完整性,我国高中学生生涯教育的内容中还应增加高中学生入学前及离校后两个阶段的生涯教育渗透,即初中高中衔接阶段和高中大学衔接阶段这两个必不可少的适应阶段。例如,在学生入学一个月内,除军事训练和国防教育外,还应增加生涯唤醒与高中生活适应等生涯任务,引导学生了解初高中学业及生活上的区别,尽快适应高中学习和生活,做好高中三年全程规划;在学生高考结束后,除志愿填报等必须进行的环节外,

高中学生生涯教育理论与实践探究

还应增加大学感知体验，利用暑期时间，了解大学学业及生活，了解大学职业生涯规划，为接下来的大学阶段做好规划和充分了解。

因此，我国高中学生生涯教育的内容框架应由6个基本阶段和2个适应阶段组成，并对应地赋予8个生涯任务以及30余个相关的高中学生生涯活动，具体见表4-1。

表4-1 我国高中学生生涯教育的内容

学年	阶段	任务	活动
初中高中衔接	入学一个月内	生涯唤醒	高中生涯全程体验活动 高中生活适应活动 多元智能测评活动 霍兰德职业兴趣测评活动
高一学年	上学期	自我认知探索	MBTI性格测评活动 学习观测评活动 学科兴趣测评活动 选科路径认知活动 选科组合认知活动
高一学年	下学期	选课选科决策	SWOT分析演练活动 生涯决策困难测评活动 选科决策平衡单活动 职业决策平衡单活动
高二学年	上学期	职业行业体验	生涯人物访谈活动 职业体验探索活动 大学发展历程探索活动
高二学年	下学期	大学专业探索	大学专业前景探索活动 学历/专业/职业调查活动 高校研学调查活动 升学路径认知活动
高三学年	上学期	升学路径规划	升学路径讲座活动 升学路径规划活动 志愿填报政策宣讲活动
高三学年	下学期	志愿填报模拟	志愿填报决策平衡单活动 志愿填报模拟活动 社会实践活动 社区服务活动

续 表

学年	阶段	任务	活动
高中大学衔接	高考结束后	大学感知体验	暑假计划方案 准大学生体验活动 大学职业规划书活动

三、尊重学生个性，丰富高中学生生涯教育实施方式

生涯具有主动性和独特性，因此高中学生生涯教育的开展必须充分尊重学生主体的主动性和独特性，依据学生的个性特点，为每个学生提供有针对性的指导。面对不同背景、个性特色鲜明的高中学生，我国高中学生生涯教育也应相应地开发多种活动方式，以满足学生的需求，使每个学生都能得到相应的探索和体验。其次，高中学生生涯教育还具有鲜明的实践性，不同于传统的学科教学采用系统的班级授课可以获得更为有效的教学效果，高中学生生涯教育必须为学生提供体验、实践、模拟的机会和场地。

我国高中学生生涯教育旨在帮助学生探索自我性格、兴趣和能力，这就需要学校借助科学的量表，为学生提供科学的测评平台，如多元智能测评活动、霍兰德职业兴趣测评活动以及MBTI性格测评活动等。为了增强学生施测的趣味性，保证测评质量，学校可以对这些量表进行改良，开发不同形式的量表，供学生选择，如可以让学生运用电脑做电子版的量表，也可以打印下来由学生填写，还可以将量表制作为卡牌的形式，让学生以游戏的方式进行测评。总之，学校可以根据自己的实际情况，开发制作不同形式的量表，指导学生进行科学测评。其次，学校还需要指导学生对大学和专业以及职业信息进行了解，这就需要学生深入大学和社会中进行参观、体验和实践，在与社会真实的接触中，获得最为直观的感知。当然，这种直观感知的获得并不完全需要学生亲身体验和实践，毕竟高中学生仍然以学习为主要任务，想要完全体验各行各业的现实情况也并不现实。所以，学校可以通过建设高中学生生涯教育体验中心，依托现代信息技术来实现学生对各个职业角色的虚拟体验。再次，高中学生生涯教育的开展更为需要的是教师对学生进行一对一的有针对性的指导，包括学业指导、选科指导以及升学指导等内容，所以高中学生生涯教育可以依托心理教师，开展团体性和一对一的生涯辅导，为每个学生制订科学合理的适合其发展的生涯

发展规划。为了实现对学生的可持续指导，学校可以在入学之初为每个学生建立生涯成长档案，记录学生在各个阶段咨询的问题，并及时进行跟踪调查和指导，以促进学生的持续发展。最后，除了科学的测评、社会实践等比较新颖的活动方式以外，学校还可借助传统的家长会、主题班会、主题讲座等形式来进行高中学生生涯教育理论知识的讲解。例如，可以邀请工作业绩较为突出的家长代表和优秀职业代表等入校为学生讲解自己的职业发展道路，启迪学生的心灵，引导学生树立正确的职业观念和态度，激励学生学习先进典型人物积极进取、努力奋斗的精神；还可以邀请高校教师入校为学生们讲解大学学习环境、专业设置等内容，提前让学生了解、感知大学生活，明确自己努力的方向和目标。除此之外，由于班主任是每天与学生们接触时间最长，也是最为了解学生的人，所以还应积极发挥班主任的作用，调动班主任参与高中学生生涯教育的积极性。

四、加强师资建设，提高教师生涯指导能力

当前，困扰我国高中学生生涯教育有效实施的关键问题就是缺乏专业的师资团队。在调研过程中发现，很多省份和学校虽然开发了相应的高中学生生涯教育校本教材，但是缺少相应的教师团队，造成了无师可教的尴尬局面。相较于开发教材，培养师资显而易见更加具有难度。一是从时间方面来说，师资培养的时间成本较高，所需周期比较长，难以解决当前我国迫切需要专业生涯教育教师的困境；二是从参与主体方面来说，师资培养不是仅靠学校就能够完成的，而是需要建设完整的职前—职后师资培养和培训体系以及完善的制度体系。[1]

首先是在高校中专门开设生涯教育专业，培养专业的生涯教育教师，从源头上解决当前无专门生涯教育教师的问题。相比于国外早在20世纪初期就在高等教育中开设了职业指导专业，培养职业指导教师，为中小学职业指导提供服务，我国当前高等师范教育当中缺少对生涯教育专业人才的培养，本科阶段并没有设置生涯教育相关专业，即便较少高校在研究生阶段开设了生涯教育相

---

[1] 辛卫华. 生涯教育在高中思想政治教学中渗透的探索与思考 [J]. 求知导刊, 2022 (30): 107-109.

第四章　我国高中学生生涯教育面临的现实与挑战

关专业或者方向，但生涯教育专业也没有独立的学科归属，一般下设在教育学、心理学、管理学等专业方向内，且招生数量少，难以系统持续地培养生涯教育师资队伍。基于此，我国生涯教育教师的培养应该依托高等院校开展人才培养和培训，逐步在具备条件的高等院校试点设立生涯教育等相关专业，以教育学或教育心理学为学科基础，从本科阶段起培养生涯教育师资队伍储备人才。

其次，针对当前已经开始实施高中学生生涯教育的兼任教师，可以探索建立有针对性的师资培训，开设高中学生生涯教育教师证书式课程，面向具备一定学历、符合教师资格要求、有条件有意愿成为生涯教育教师的人群开设课程、提供培训、进行认证，为他们提供准入机会。对于这些已经在一线从事高中学生生涯教育的教师而言，他们最希望看到的是能够适用于教学实际的高中学生生涯教育实践模型，而不仅是各种生涯理论的介绍；他们希望既能够简要地了解高中学生生涯教育理论基础和教育理念，又可以使用实践模型开展灵活的教学。同时，他们也希望在遇到实际教学问题时，也可以清楚地定位问题的症结所在，并明确指导思路。因此，我们应该通过以下几个方面来开展师资培训：一是高中学生生涯教育理念及相关政策的培训，包含高中学生生涯教育概述的讲解、与生涯相关的概念、国内外高中学生生涯教育发展情况以及中西方生涯发展理论及其内在发展逻辑，这些内容可以方便生涯教育教师了解高中学生生涯教育的历史演变过程。二是高中学生生涯教育实施的培训，包含生涯咨询、服务对象、咨询者的能力与服务内容、服务方式、方法与技术、咨询活动等六个方面的内容。三是团体教学与个别辅导的培训，包含团体教学与咨询、个体辅导与咨询、指导家长帮助学生做好生涯规划等不同群体下的高中学生生涯教育与生涯咨询的类型、技术、方法、工具、流程、步骤等的培训。四是高中学生生涯教育评价的介入，从评价的意义、指导思想、内容、流程、评价结果的使用等方面给予教师相关培训，指导教师从必要性、幸福观、自由观、方法论等角度，构建生涯哲学，提升生涯教育的层次。

最后，是要建立完善的制度体系，保障高中学生生涯教育师资队伍的可持续发展。第一，确立生涯教育教师专业标准，明确其所需的专业知识、专业技能、专业情意等综合素养，推动我国生涯教育教师职业专业化发展。第二，明确我国生涯教育教师职业身份。我国高中学生生涯教育的有效实施既需要校内专职教师开展常规教学，也需要外聘兼职生涯导师为学生提供更为丰富的生涯实践活动，这就需要针对不同的人员制定不同的制度规定，以保障高中学生生涯教育师资队伍的建设和高中学生生涯教育的稳定发展。

第五章 我国高中学生生涯教育的课程体系构建

第一节 我国高中学生生涯教育的课程目标

课程目标就是指课程所培养的人才应达到的标准，这个目标可高可低，按需而定，也是具体而可观测的。目标是行为的导向，目标越清晰、越明确、越合理，其在实践中的引领价值就越容易发挥。高中学生生涯教育过程中产生的一系列问题，其产生的重要原因就是对高中学生生涯教育的课程目标没有形成合理的认知。由此，从学校的角度看，推动高中学生生涯教育的变革，首要的工作就是形成合理的高中学生生涯教育课程目标体系。❶

一、高中学生生涯教育课程目标的类型

课程目标上承教育目的、教育目标，下接教学目标，其作用类似目标系列中的一个连接纽带，对整个高中学生生涯教育课程体系的构建具有至关重要的影响。

研究高中学生生涯教育课程在当前来说尤为重要，因为它在我国尚处于初

---

❶ 梁庆.在高中化学教学中开展生涯教育的实践探索[J].教育界，2022（30）：35-37.

步发展阶段，但学生乃至整个社会对其的需求却日益迫切。目前的高中学生生涯教育课程尚不成体系，而课程建设的第一项工作就是要先确立课程目标。只有在课程目标确立清楚的情况下，其他步骤才有方向。

在确立高中学生生涯教育课程目标之前，应先厘清高中学生生涯教育课程目标的类型。

（一）在价值取向上的分类

高中学生生涯教育课程目标是一定教育价值观在高中学生生涯教育课程领域的具体化，因此高中学生生涯教育课程目标存在一定的价值取向。高中学生生涯教育课程目标从价值取向上可以分为普遍性目标取向、行为性目标取向、生长性目标取向和表现性目标取向四种取向。

（二）在层次上的分类

在层次上进行分类，可以将高中学生生涯教育课程目标分成总体课程目标、各年级段目标、各学期目标、各内容模块目标、教学目标几个层次。

总体课程目标的制定是为了规定其后每个年级段至每节课的课程目标，同时具有一定的引导作用。通常总体课程目标是比较宽泛的，大多是原则性描述，因此若要细化到知识、能力、素质要求，还需要以每节课的教学目标为参照。总体课程目标的最大价值是传达了高中学生生涯教育课程目标制定的理念。

对高中学生生涯教育总体课程目标进行细化，可细化到三个年级、六个学期。高中学生生涯教育课程会选取一些内容来助力达成总体课程目标，每个内容模块对应各模块内容目标。高中学生生涯教育课程选取的内容以教学的形式传递给学生，所以最细化的层次便是每节课的教学目标。

（三）行为结果上的分类

根据高中学生生涯教育课程取得的行为结果，高中学生生涯教育课程目标可划分为促进目标和终极目标。这种分类方法主要是侧重于学生行为上的结果。

促进目标又称"形成目标"，是在达到终极目标前可以达到的阶段性目标。正是由于一个个阶段性目标的达成，才能达成终极目标。

终极目标是学习课程后学生应达到的教育要求。终极目标是指向学生个体的，但也是按预定的教育要求来衡量的。对于高中学生生涯教育课程而言，终极目标应是比较明确的，能够帮助学生更好地升学。

二、高中学生生涯教育课程目标构建应遵循的基本原则

高中学生生涯教育课程目标的构建不是随意的，而是要体现三个方面的基本原则。

（一）高中学生生涯教育课程目标要体现立德树人的时代要求

教育的根本任务和时代主题都离不开立德树人，高中学生生涯教育属于教育的范畴，也不可能离开这个根本任务。从传统认识的角度来看，很多时候我们会认为立德树人属于思政教育的范畴，但实际上，立德树人不仅是思政教育改革的内在要求，也是任何形式教育活动的首要价值导向。不论是学科教育，还是生涯教育，其根本目标都要围绕立德树人来设计。学科教育为学生拥有专业的职业技能与职业素质奠定基础，是一个动态发展的教育过程；生涯教育需要正确的职业观指导生涯选择，是德育的重要内涵体现，也是对学校德育工作的精细化发展。学生的职业选择和发展也是动态发展的过程，将两者相互融合，既可以在尊重并关心学生的基础上，给予学生针对性的生涯选择指导，引导学生为今后的生涯发展打好基础，又可以彰显学校德育工作的实效性和长久性。对于高中学生生涯教育而言，要体现立德树人的根本任务和时代要求，一方面要在高中学生生涯教育课程的目标设计中凸显道德的元素，促使学生有道德地成长，激发学生在人生发展、工作生活、职业选择等过程中的道德认知；另一方面要在高中学生生涯教育课程的目标设计中体现树人的元素，着眼未来社会发展需要的复合型人才，拓展高中学生生涯教育的视野和载体，促进学生全面发展和综合素养的积淀。

（二）高中学生生涯教育课程目标要体现高中阶段学习的特点

高中阶段是为学生成长奠基的重要阶段，因此学校不能仅仅关注帮助学生完成学业规划、专业规划或者职业规划，而是要放眼长远，为学生的未来发展

和终身幸福着想。对此，学校要充实高中学生生涯教育课程目标体系，建构以共性目标为导向，由多重子目标集合而成，能引领学生多样性发展的动态的目标体系，通过丰富的、系列化的高中学生生涯教育活动，使学生形成生涯管理素养和自我发展素养，成为有明确人生方向、有生活品质的人。在此基础上，学校要充分考虑不同年级学生的特征，构建一个既循序渐进又环环相扣的高中学生生涯教育课程目标系统。例如，在高一年级，可以突出做好个性化的高中学生生涯教育工作，通过制订高中学生生涯教育方案，开展个性化辅导，指导和帮助学生初步进行生涯规划。在高二年级，可以注重做好在选科问题上左右摇摆的学生的个性化辅导，指导其做出适合自身实际的生涯选择，同时整合理想信念教育、社会主义核心价值观教育、心理健康教育等内容，开展关乎学生终身发展的教育和指导工作。高三年级是学生学业目标和职业目标即将对接的阶段，在这一阶段，高中学生生涯教育可与班级常规活动、学校的教育活动有机结合，渗透理想信念教育、心理健康教育。在高考结束后、填报志愿前有近一个月的时间，学校可邀请高校招生教师、生涯教育专家通过专场讲座、咨询辅导等方式，指导学生科学地选择适合自己的高校和专业，高质量完成志愿填报工作。

（三）高中学生生涯教育课程目标要体现学校特有的文化气质

教育与文化的关系十分密切，从某种意义上说，教育即文化，教育的本质是人与文化之间的双向建构。文化是教育之根，也是重要的教育手段，因此，通过特有的文化建设发挥文化的育人价值始终是学校管理者的共性选择。在学校管理方面，各校之间有很多相似的因素，但又存在很大差异。学校之间的差异并不完全是受升学率的影响，也并非硬件条件不同，主要在于学校使用的教育方法不同，而其最根本差异在于文化不同。学校的活力在学生，学校的灵魂在文化。校园文化体现了一所学校的生长力。学校如果没有自己的内在文化，就如同一个没有灵魂的人，那么纵然它校舍林立，蔚然成荫，也是一所没有发展潜力的学校。学校的文化就是水，滋润着这每一朵鲜花，让其茁壮成长；学校的文化又是学生的向导，时时刻刻影响着学生的思想和行为。也就是说，浸润在一定学校文化中的学生必然会被打上学校特有的气质和烙印。因此，作为一种重要人才培养方式的高中学生生涯教育，在设计课程目标的时候也不能是孤立的，而是需要充分考虑学校的办学历史、特有文化，同时需要主动对接学校的人才培养目标。

（四）高中学生生涯教育课程目标要体现其实践性

高中学生生涯教育有其独有的实践性，不能仅是理论知识的传授和特定技能的培养，而是要让学生理解生涯规划对人生发展的重要意义，激发学生的生涯发展意识，充分了解自我的个人特质，提高生涯适应力，并将其运用在实践中。若仅仅追求知识和技能，就会使高中学生生涯教育与实际生活脱节。根据泰勒的课程与教学基本原理，高中学生生涯教育内容的选择原则之一就是提供实践机会。因此，高中学生生涯教育课程目标必须面向学生的生活、学业和未来发展，通过实践探索，使学生充分认识自我，了解社会环境，为学业规划和未来发展做准备。

（五）高中学生生涯教育课程目标要体现发展性

高中学生生涯教育课程目标的发展性原则体现在面向全体学生，并为学生的终身发展而服务。高中学生生涯教育选择面向所有高中生，就要以"必修＋选修"的形式开展。面向全体学生的基础性课程以必修形式开展，针对不同学生特殊发展需求的课程以选修的形式开展。

（六）高中学生生涯教育课程目标要体现阶段性

生涯发展理论指出学生在每个阶段都有不同的生涯发展任务，因此高中学生生涯教育课程目标应该根据不同阶段学生的特点和发展需求有所侧重。目前我国高中学生生涯教育尚处初步探索阶段，所以应从意识层面开始开展。高一阶段的课程目标要注重生涯认知和自我认知，具体包括生涯的内涵、生涯规划的重要性、认识自我特质、初步认识职业领域、培养学业规划能力。在高二阶段，学生已经初步具备生涯认知能力，可以尝试进行生涯探索，搜集升学和就业相关信息，思考自己的职业偏好，培养信息收集能力和生涯规划能力。高三学生面临升学和就业的选择，高中学生生涯教育课程目标可以侧重于帮助学生获取有关升学和就业的信息，发展生涯决策和规划能力。

第二节 我国高中学生生涯教育的课程资源开发

一、我国高中学生生涯教育与高中学生生涯教育课程资源的关系

为了研究高中学生生涯教育课程资源开发这一问题,需要先明确高中学生生涯教育与高中学生生涯教育课程资源之间存在何种关系。高中学生生涯教育必须立足于课程的视角,基于课程的视角对高中学生生涯教育课程资源进行系统、科学的开发,使在我国高中开展高中学生生涯教育成为可能。[1]

(一)我国高中学生生涯教育要基于课程视角

课程是进行高中学生生涯教育的重要手段,是承载着教师的"教"与学生的"学"的一个载体。因此,高中学生生涯教育应该把高中学生生涯教育课程作为重要载体,系统地传递生涯理论知识,使学生形成生涯规划意识,培养学生的生涯选择和决策能力。高中学生生涯教育只有基于课程的视角与立场,才能做到系统化、规范化与制度化。

既然高中学生生涯教育要基于课程的视角,那么其就必然绕不开高中学生生涯教育课程资源。课程资源与课程之间联系紧密,没有课程资源为课程实施提供支持和保障,课程就无法实施。虽然二者密切相关,但是也不能将课程与课程资源混为一谈。同课程相比,课程资源的范围更大,内容、技能等丰富的课程资源只有经过反复的筛选以及教育学的加工处理和整合,才能进入课程系统,转化为课程的目标、内容、方法等。相对于课程而言,课程资源起到了保障和支撑课程最终付诸实践的作用,是课程的外部系统,课程必须以课程资源为保障。因此,高中学生生涯教育课程的实施必须要考虑如何开发高中学生生

---

[1] 娄金刚,徐兆军.感受生命拔节生长的力量——高中生生涯教育在学生管理中的应用[J].山东教育:中学刊,2021(18):15-16.

涯教育课程资源这一不容忽视的重要问题。

（二）高中学生生涯教育课程资源反哺高中学生生涯教育

依托课程改革的深入实践，课程资源的重要性被越来越多的学者和教育工作者所重视。课程资源是绘制理想课程蓝图的颜料，课程资源开发程度的高低，决定了能否实现课程目标。如果没有对课程资源进行充分的开发以及合理的利用，再宏伟的课程蓝图也将是"空中阁楼"，微风一吹便摇摇欲坠。

对高中学生生涯教育课程资源进行充分的开发，有助于明确高中学生生涯教育的方向性。高中学生生涯教育课程资源的开发伴随高中学生生涯教育的各个环节。不能将高中学生生涯教育课程资源的开发与高中学生生涯教育分裂看待。可以说，高中学生生涯教育课程资源的开发是高中学生生涯教育的环节之一。在高中学生生涯教育实施的过程中，也要对高中学生生涯教育课程资源进行充分的开发，从而使高中学生生涯教育课程反哺高中学生生涯教育实践。

二、高中学生生涯教育课程资源开发的实践环节

高中学生生涯教育课程资源开发的实践环节共有四个，即定位高中学生生涯教育课程资源开发目的、开展高中学生生涯教育课程资源收集、优化高中学生生涯教育课程资源开发以及进行高中学生生涯教育课程资源开发评价。

（一）定位高中学生生涯教育课程资源开发目的

定位高中学生生涯教育课程资源开发目的是指开发主体明确进行高中学生生涯教育课程资源开发是出于何种原因，为了达到何种目的。高中学生生涯教育课程资源开发的目的决定了开发什么样的课程资源以及如何开发这些课程资源。要定位好高中学生生涯教育课程资源开发的目的，就要综合考虑教育目的、培养目标、社会对人才的需要以及学生发展对高中学生生涯教育提出何种需求。高中学生生涯教育课程资源开发的目的要与培养目标保持一致，这样才能保证高中学生生涯教育课程资源开发方向的正确性，才能真正地服务于高中学生生涯教育的实践，服务于学生发展的真正需求。

（二）开展高中学生生涯教育课程资源收集

高中学生生涯教育课程资源具有丰富性、潜在性的特点，我们的生活中存在着丰富多彩、各式各样的高中学生生涯教育课程资源，而要想利用这些资源，就要对其进行收集。开展高中学生生涯教育课程资源的收集，既包括对已有的高中学生生涯教育课程资源的收集，也包括对具有潜在意义的高中学生生涯教育资源的收集。已有的高中学生生涯教育课程资源中有一部分可以直接被高中学生生涯教育所利用，而绝大多数的高中学生生涯教育课程资源需要进行二次或者多次加工才能真正进入高中学生生涯教育。只有充分收集高中学生生涯教育课程资源，才能为高中学生生涯教育奠定坚实的基础。

（三）优化高中学生生涯教育课程资源开发

高中学生生涯教育的生成性、终身性特点要求对高中学生生涯教育课程资源进行充分开发。但是，大多数对高中学生生涯教育课程资源的开发都停留在对课程资源加工处理的阶段，开发的层次较浅，所以要优化高中学生生涯教育课程资源的开发，也就是在对高中学生生涯教育课程资源进行初步加工处理的基础上，对高中学生生涯教育课程资源的进行充分的整合，改进高中学生生涯教育课程资源的组合方式，使高中学生生涯教育课程资源得到创新，这也是开发高中学生生涯教育课程资源的关键一步。通过优化高中学生生涯教育课程资源的开发，能够使课程资源真正进入高中学生生涯教育并真正发挥其价值。

（四）进行高中学生生涯教育课程资源开发评价

进行高中学生生涯教育课程资源开发评价就是对高中学生生涯教育课程资源开发的程度以及达到何种效果进行判断和评定。要对高中学生生涯教育课程资源开发效果进行评价就需要确定一定的标准，没有标准的评价就没有意义。在进行评价时，要考虑以下几个问题：高中学生生涯教育课程资源的开发是否有助于高中学生生涯教育目标的落实？是否有助于学生形成正确的生涯意识？是否培养了学生生涯选择和决策的能力？只有清楚地考虑这几个问题，才能知道高中学生生涯教育课程资源的开发程度如何以及取得了何种效果。

以上四个环节是我国开发高中学生生涯教育课程资源的具体实践环节，但是在实际开发过程中,并不需要一定按照该顺序进行。如果以分析和利用现有资源为出发点进行高中学生生涯教育课程资源开发,那么高中学生生涯教育课程资源开发的实践环节就是开展高中学生生涯教育课程资源收集、定位高中学生生涯教育课程资源开发目的、优化高中学生生涯教育课程资源开发以及进行高中学生生涯教育课程资源开发评价。如果以达到一定的目标开发高中学生生涯教育课程资源,那么高中学生生涯教育课程资源开发的实践环节就是先定位高中学生生涯教育课程资源开发目的、开展高中学生生涯教育课程资源收集、优化高中学生生涯教育课程资源的开发、进行高中学生生涯教育课程资源开发评价。

其中有的环节需要反复进行,比如优化高中学生生涯教育课程资源的开发可能需要多次的重复进行之后才能最大限度地开发,是一个螺旋上升的过程。在进行高中学生生涯教育课程资源开发评价之后,要根据评价的修正作用,需要再次或多次对高中学生生涯教育课程资源进行反复开发,对高中学生生涯教育课程资源的开发进行调适,以使其更加符合学生的需要。因此,高中学生生涯教育课程资源的开发不是一蹴而就的,而是在根据学校的实际情况以及科学合理的基础反复地进行开发,是一个螺旋上升的实践过程。

三、高中学生生涯教育课程资源开发措施

(一)明确高中学生生涯教育课程在学校课程体系中的地位

高中学生生涯教育课程是高中课程中不能忽视的部分,在促进学生全面发展、终身发展方面起着举足轻重的作用,因此,要明确高中学生生涯教育课程是高中课程体系重要的组成部分。高中学生生涯教育课程相对于语文、数学、英语等传统学科,其作用并不能得到明确的体现。因此,对于高中学生生涯教育课程的重要性认识不足,成为造成高中学生生涯教育课程资源开发过程中存在问题的重要原因。

1. 重视高中学生生涯教育课程的作用

高中学生生涯教育课程的价值就在于帮助学生获得生涯规划的知识与技能、形成生涯规划意识、树立生涯目标、培养生涯决策能力。如何促进学生多

元化、全面发展，指导学生将目前的学习置于未来生涯的需要之中，将二者联系起来，是高中学生生涯教育课程的目标。学习不单是未来当前分数的提高，更是为了未来生涯的发展，帮助学生形成良好的社会适应能力，为学生未来的发展提供更丰富的途径和更广阔的空间。高中学生生涯教育课程是高中课程体系的重要组成部分，高中学生生涯教育课程的价值和作用并不是在短时间内就初见端倪，而是一个长期的、潜移默化的过程。因此，无论是学校的管理人员、教师还是学生都要树立起正确的生涯教育观，重视高中学生生涯教育的作用，明确高中学生生涯教育课程在整个高中课程体系的地位。

2. 合理安排高中学生生涯教育课程时间

高中学生生涯教育课程纲要中明确规定该课程每学年最少进行10课时，这一要求不仅限于课堂教学的课时，还可以把生涯活动、班会等形式的课时包括进来。但是在高中学生生涯教育课程实际实施过程中，这10个课时通常也很难得到保障，大多数情况下会被其他学科挤占。因此，学校要在基本保障这10个课时的基础上，加大高中学生生涯教育课程的时间投入。在有限的时间内，以多种形式进行高中学生生涯教育，高效率地利用高中学生生涯教育课程时间。

3. 提供丰富的人力和财物支持

丰富的人力、财物资源为高中学生生涯教育课程资源的开发和利用起到坚强的保障和支撑作用。人力、物力以及财力等条件性资源的供给度在很大程度上影响了高中学生生涯教育课程的效果。特别是在该课程资源开发过程中，要尤为重视人力资源的作用。具体而言，除了校内的教师、管理人员，更要重视对教育专家、专业生涯咨询者、家长、校友等人力资源的开发。

（二）提高课程资源意识，形成正确的课程资源观

许多研究者都指出教师缺乏课程资源意识，这是制约课程资源有效开发的问题之一。课程资源意识是教师对课程资源是什么的整体认识，课程资源观就是教师在认识课程资源的基础上，思考课程资源的结构、分类以及如何开发等重要问题。它直接影响到教师对课程资源认识，甚至可以说决定了课程资源能否有效开发。教师是决定是否将开发出来的高中学生生涯教育课程资源转化为

高中学生生涯教育内容的纽带，高中学生生涯教育课程资源只有通过课程实施才能对学生发挥作用，高中学生生涯教育课程内容资源开发也必须在教师的指导下才能实现。因此，教师能否形成正确的课程资源观，是整个高中学生生涯教育课程资源的开发能否成功的前提。

1. 开展教师培训活动

邀请专家来给教师进行培训，或者是安排教师到高校里进行学习，可以帮助教师正确的认识课程资源的内涵和外延，形成正确的课程资源观，补足教师在心理学理论和生涯发展理论方面的薄弱之处，帮助教师形成坚固的理论地基，提高专业素养，使教师在以后的生涯教学中，能够在科学课程资源观的指导下对高中学生生涯教育课程资源进行充分的开发和利用。

2. 鼓励教师开展高中学生生涯教育课程资源开发的行动研究

行动研究就是教师或者学校管理人员根据自身的工作实际，从具体的问题出发，选择恰当的研究方法，最终实现教育工作改进的研究活动。通过开展对高中学生生涯教育课程资源开发的行动研究，教师的角色会由"教育的实践者"转换为"教育研究者"，在主动进行行动研究的过程中，对高中学生生涯教育课程资源产生更加深入的认识，通过观察、反思、评价使在高中学生生涯教育过程中遇到的困难和问题得到改善、解决和加强。同时，教师展开行动研究的过程也是提高课程意识、培养专业能力，形成正确的课程资源观的过程。

（三）组织各种生涯活动，实现理论向实践的过渡

理论最终的归宿都是实践，高中学生生涯教育课程资源开发过程中存在一个巨大的问题就是实践属性的缺失。虽然高中也经常举办宣讲会、讲座等活动，但是在这些活动中，学生只是被动地接受专家所传递出来的经验性知识，而学生真正缺乏的是通过实践活动来主动获得的直接性经验。同发达国家高中学生生涯教育实践相比，我国高中学生生涯教育更加偏重于理论教学，对于体验式教学以及活动性课程安排不足。

1. 整合和设计生涯实践活动

整合学校已有的讲座、宣讲会、心理辅导等活动，诠释这些活动的高中学

生生涯教育价值，引导学生在参与活动时带着生涯探索的目的，获得关于生涯的直接或者间接经验；利用好学生组织，如学生社团，帮助学生探索生涯，强化专业兴趣和职业取向；根据特定的主题，自行组织和设计专门的生涯实践活动，比如模拟招聘、角色扮演、生涯规划大赛等各种各样的活动，让学生在实践过程中获得知识经验，主动地进行生涯探索，帮助学生实现从理论到实践的转化，将学习的理论应用到实际生活中，只有这样才能真正发挥高中学生生涯教育课程资源开发的价值和意义。

2. 政府、学校、家庭、企业多方联动，构建高中学生生涯教育平台

高中学生生涯教育的主要场所是学校，但是高中学生生涯教育不能仅依靠学校来进行，家庭也是高中学生生涯教育的重要场所，家长的生涯经历、所从事的职业，都会影响学生的生涯观和生涯选择。但是，由于场地的限制，家庭和学校的高中学生生涯教育仍有所欠缺。对此，应该扩展高中学生生涯教育的视野，联合相关的政府部门，在政府的同意和支持下，联结家庭、学校、企业共同构建高中学生生涯教育平台，安排学生到相关企业做职业跟随、进行参观访问，从而帮助学生了解职业倾向，形成生涯意识，培养学生的生涯决策能力。在多方主体的联动合力下共同进行高中学生生涯教育，构建高中学生生涯教育平台，有利于真正地发挥高中学生生涯教育的作用和价值。

（四）建立课程资源库，整合高中学生生涯教育课程资源

由于高中学生生涯教育资源具备一般课程资源的共性，即广泛性、多样性，同时也具备自身所独有的特点，高中学生生涯教育课程资源的开发具有更高的难度，开发出来的高中学生生涯教育课程资源也比较凌乱和分散。为了避免在以后的教学中对高中学生生涯教育课程资源进行重复开发，我们要考虑这样一个问题：如何对已经开发好的高中学生生涯教育课程资源进行整合？这就需要教师和学校通力合作，建立课程资源库，整合高中学生生涯教育课程资源。

建立课程资源库，首先是要开发高中学生生涯教育课程资源，在教学过程中注意对开发出来的高中学生生涯教育课程资源分门别类地进行整理。依据教材的内容对高中学生生涯教育资源进行整合是一种比较常用的、方便有效的途

径。教师可以根据教材的主题，对开发的课程资源进行分类。对高中学生生涯教育课程资源进行归类的时候要考虑以下几个问题：该资源可归于哪个主题之下；该资源更有利于哪一部分知识的学习；该资源更有利于哪些技能的获得；需要师生做哪些准备；有哪些优点和不足，应当如何调整等。对这些问题的回答就是对开发出来的高中学生生涯教育课程资源进行整合。整合后的高中学生生涯教育课程资源可以编制成简洁明了的资源条目表，这样一来既可以清晰地知道已经具备的资源，又可以把新的生涯教育课程资源补充到相应的资源条目表中。

其次是根据生涯教育教师对高中学生生涯教育课程资源进行分门别类的储藏和记录。这种做法一方面可以方便教师或者学生在已有的生涯教育课程资源库里迅速快捷地找到所需要的课程资源，另一方面可以非常明确地评价哪些方面的课程资源有所欠缺和不足，从而对欠缺的课程资源进行主动开发，以完善高中学生生涯教育课程资源库。同时应该引起重视的是，高中学生生涯教育课程资源库是动态的，它会随着教师、学生、学校在不同时期、不同方面开发出来的课程资源进行更新。

（五）形成规范的高中学生生涯教育课程资源开发体系

形成规范的高中学生生涯教育课程资源开发体系可以增强课程资源开发的规范性。定位高中学生生涯教育课程资源开发目标、开展高中学生生涯教育课程资源搜集、优化高中学生生涯教育课程资源的开发、评价高中学生生涯教育课程资源开发效果是进行高中学生生涯教育课程资源开发的实践环节。目前，高中学生生涯教育课程资源的开发处于初步阶段，尚没有形成高中学生生涯教育课程资源开发的完整体系，再加上对课程资源的片面化理解就很容易造成高中学生生涯教育课程资源开发利用的浅层次和低程度。

通过构建规范的高中学生生涯教育课程资源开发体系，可以保证高中学生生涯教育课程资源的开发是在一个科学的、规范的体系之下进行的，其开发出来的成果具有高度的适用性。同时要注意的是，建立健全高中学生生涯教育课程资源开发体系，规范高中学生生涯教育课程资源开发程序，不意味着按照程序来进行开发，而是可以灵活地根据需要进行开发，但是不能忽略那些必不可少的程序。

第三节 我国高中学生生涯教育的课程内容

将高中学生生涯教育纳入课程建构的整体高度进行思考和设计，是推动高中学生生涯教育内涵发展和品质提升的关键。在新高考改革背景下，以《国家中长期教育发展和改革规划纲要（2010—2020年）》为指导，积极开展生涯教育指导工作，旨在回归教育本源，聚集专业师资队伍，以高中学生生涯教育为主线整合资源研究实践，尤其关注高中学生生涯意识和能力发展，力图帮助学生树立正确的价值观，使之能力、兴趣和谐、健康地发展，助力学生的升学规划与长远发展。❶

国外高中学生生涯教育基于社会发展背景，依据高中学生生涯教育目标和学生发展需求，形成了系统化、阶段化、实践性强的高中学生生涯教育内容体系。我国已有的高中学生生涯教育内容以学生终身发展为核心，内容领域综合性强，但仍存在边界模糊、选择功利化、占比不合理、缺乏具体内容要求和载体的问题。生涯发展理论认为学生在各阶段会有不同的发展任务，所以不同阶段的高中学生生涯教育内容也应有所不同。

本书根据相关理论，借鉴国内外高中学生生涯教育内容构建的经验，尝试构建完善的高中学生生涯教育内容体系。首先，明确高中学生生涯教育的内涵，将高中学生生涯教育视为独立学科，依据高中学生生涯教育目标、社会发展需求和学生发展需求，选择生涯认知、生涯探索、生涯规划三个领域的内容，使高中学生生涯教育内容边界清晰。其次，在构建高中学生生涯教育内容体系时，遵循发展性原则，注重培养学生适应未来发展的能力，以学生的终身发展为导向，避免内容选择功利化。再次，结合高中三个年级的学习任务，把生涯认知、生涯探索和生涯规划三个领域贯穿于整个高中学生生涯教育，根据不同阶段学生的需求安排具体内容。需要注意的是，在具体安排内容时，这三个领域内容是相互联系的，不能简单地将某一领域规划到某一年级。高二和高

---

❶ 王琪.普通高中化学教学中渗透职业生涯教育现状探讨[J].中国科技经济新闻数据库教育，2022（1）：68-71.

三应侧重于生涯探索和生涯规划这两个领域的内容，使高中学生生涯教育内容占比合理。最后，将每个领域的内容进行细化，使高中学生生涯教育有具体的、可操作的内容载体。

一、高中学生生涯教育内容领域

（一）生涯认知：自我认知与发展

知己知彼，百战不殆。正确认识自己是生涯规划的基础和前提，是进行生涯规划的首要条件。学生需要在认识自己的基础上探索外部环境，选择适合自己的科目组合，从而规划自己未来的发展。认知信息加工理论认为青少年需要进行自我认知，具体包括了解自己的兴趣、能力和价值观。1909年，富兰克·帕森斯（Frank Parsons）提出，在选择职业前需要了解自己的性格、能力、兴趣、资源限制等特征。

英国生涯发展协会依据生涯发展理论、社会认知理论、社会建构理论和生涯信息处理理论，选择自我认知内容要素，包括了解个人素质、已有技能、态度与价值观、需求、兴趣、能力、自我形象与身份、自信、自尊、自我理解等，以帮助学生建立自我兴趣、能力、发展需求、价值观背景等各方面的认知，引导他们思考如何充分发挥自己的潜能，找到自己的职业兴趣。美国纽约州高中学生生涯教育内容指标其中之一是学生要完成一项职业计划，这将会帮助他们进行未来的职业规划，涉及"我是谁""我将去哪里""我将如何到达那里""我需要的能力是什么"等方面。日本关于自我认知的高中学生生涯教育内容包括学习理解自己的作用、学会积极思考和动机管理等，主要是通过实践性和自主性的活动，帮助学生在体验中加深理解。在我国高中学生生涯教育实践中，大多都会将自我认知作为基础内容，如华东师范大学第三附属中学、上海市曹杨中学都引导学生充分认识自我，了解自己的性格特征、能力情况和兴趣爱好。然而，中国青少年研究中心的调查数据显示，中国高中生在自我认知方面存在矛盾。根据对广州市六所中学学生的调查，约40%的学生不了解自己的性格特征、兴趣和能力。因此，认识自我是高中学生生涯教育不可或缺的内容。

自我认知与发展是高中学生生涯教育内容的基础部分。自我认知是自我意识的认知成分；自我发展是帮助学生进行生涯认知，激发学生的生涯规划意识。这部分内容旨在帮助学生从各方面认识和探索自我，客观、全面地评价自我，形成积极的自我概念，树立积极、主动的生涯发展意识，其具体内容包括以下三方面。

一是帮助学生建立积极的自我概念。教师可以引导学生从多方面探索自我，使学生了解自我身心发展情况，反思以往事件和外部环境对自我的影响，清楚个体社会角色的责任和价值，认识个体之间的差异，学会悦纳自己。

二是帮助学生进行客观、全面的自我评价。教师可以向学生介绍探索自我的方法、技巧，提供规范的自我测评工具，如霍兰德职业偏好量表、多元智能测评、MBTI人格测试，帮助学生了解自己的兴趣、能力、性格特征等各方面，形成全方位的自我认知，引导学生对未来进行合理的想象，为学生以后的人生道路发展规划打下基础。

三是激发生涯发展意识，引导他们思考如何充分发挥自己的潜能。教师可以向学生介绍生涯的内涵、生涯发展历程、生涯规划等相关理论知识，引导学生理解生涯发展规划的重要性。

（二）生涯探索：教育认知与职业探索

高中学生处于探索阶段的试探期，需要在真实情景中对自我和外部世界进行探索，逐步形成职业倾向，聚焦于某一职业领域，然后结合各方面因素，审视暂定的生涯发展目标，进一步明确自己发展方向。彼得森等人的社会信息加工理论认为职业认知是青少年在生涯发展中需要了解的重要理论，具体包括职业信息、专业与职业的关系。英国颁布的《针对11—19岁学生的生涯教育指导国家框架》主张将相关知识整合到其他课程里，组织学生到真实场景中亲自体验，让学生参加志愿活动，听取专业人士的讲座来探索职业相关信息。日本生涯教育也很注重实践性的内容，比如特别活动和综合学习时间，其中特别活动中就有帮助学生形成职业观的生涯体验和志愿者活动。然而，由于我国相关制度、法律法规不完善、社会支持网络力度不够，在学生生涯探索方面落实不到位，不能满足学生生涯发展需求。有调查研究表明，高中学生对于外部职业世界的认识不足，对某些职业工作环境、专业要求和薪酬存在误解对未来的工作和大学专业情况有不同程度的疑惑。只有极少数学生了解大学及专业设置，对未来想从事的工作有较多的认识。

第五章 我国高中学生生涯教育的课程体系构建

生涯探索是生涯规划和决策的前提，可以帮助学生明确自我发展方向，达到自我完善，是高中学生生涯教育内容中不可缺少的实践性内容。学生通过高中学生生涯探索，可以形成对自我的一些客观认知，唤醒生涯规划意识，但仍需要进一步认识外部环境，包括教育认知与探索、职业探索，让学生在真实的情景中探索适合自己的专业和职业。

1. 教育认知与探索

教育认知与探索主要是帮助学生对学业和专业有所了解，取得教育方面的成就。它是高中学生生涯教育的重要内容，对于学生制定和实现学业目标、发挥自我潜能和实现未来发展具有重要意义。教育认知是学生所应该具备的最重要的学科素养之一，即学会学习的核心素养。它不仅关系到学生能否正确认识和管理自身的学业，而且关系到学生自主选科、填报志愿和未来发展规划的科学决策和管理。

教育认知分为高中现阶段的教育认知和过渡衔接阶段的升学信息认知。高中现阶段的教育认知不仅局限在学业成绩和排名方面，还包括高中阶段学习目标、课程性质、学业水平、学科优势、学习方法、学习动机、学习风格、学习策略、自主选科的政策信息等方面。

过渡衔接阶段的教育认知主要是让学生对未来升学相关的信息有所了解，包括向学生介绍高校、专业、新高考政策等，关乎学生能否科学选科，进而影响学生选择理想专业和成功就业。经调查，可以发现大部分高中学生对于高校的专业设置和专业前景了解不足，专业认知水平有待提高。从高中学生生涯教育现状来看，高中学生迫切需要了解大学的学科类别与专业，了解自己所选学的科目与大学、专业之间的关系，从而清楚学科的价值，增强学习动机，明确目标大学和目标专业。所以，过渡衔接阶段的教育认知应该包括专业的归属类别、培养目标、性质、专业课程设置和专业对学生能力的要求、专业选择与未来职业发展的关系、未来就业前景以及继续深造等相关信息。

2. 职业探索

职业探索主要是借助体验平台，使学生对社会环境和职业环境相关信息进行探索，如参加学校组织的各种实践性的活动、参观社会企业和工厂的生产过程等。美国高中学生生涯教育中关于职业探索的内容要素主要有职业分类、职业偏好、职业具体信息、一般就业技能、求职技能、自主创业的优势和挑战、职场中影响个人成功的个人素质等。英国高中学生生涯教育关于职业探索的内容要素包括工作和工作生活、商业和工业相关信息、劳动力市场相关信息、安全的工作实践和环境，具体涉及劳动力市场运行、工作的价值、工作与生活的平衡、工作模式、组织文化、工作角色等。本书借鉴国外的经验，认为职业探索具体应包括了解职业选择的影响因素、个人与社会的关系、社会职业类型、发展动态、社会劳动力市场需求、所选定职业的工作内容、教育要求、能力要求、社会价值、发展趋势，让学生多方面地认识社会环境和职业环境，让学生在实践中切身体验，形成正确的价值观、职业观，明确未来职业发展方向。

（三）生涯规划：生涯管理与决策

舒伯的生涯发展理论认为，生涯是随着年龄和身心发展而动态变化的。根据高中学生的身心发展特点，高中学生面临自我认同与角色混乱，存在自我认知矛盾和生涯探索不足等问题，在生涯管理和决策上，容易受外界影响，表现出犹豫不决、随大流的状态。因此，针对学生存在的问题和需求，有必要提高高中学生生涯管理和决策能力。这是高中学生生涯教育内容的核心部分，是高中学生生涯规划的关键环节，对高中学生的人生发展规划至关重要。

生涯管理与决策主要是培养学生制订个人生涯发展计划，搜集、筛选和分析社会职业和升学信息的能力，并运用此能力对自身的学业和未来发展进行科学的规划与管理。对于高一和高二学生来说，主要是掌握生涯规划的基本知识和方法，提高生涯规划意识和能力，从而找到自我学业和职业的方向，并管理自己的发展规划。对于高三学生来说，重点是解决自身的升学和就业选择问题，通过对自身条件与外部环境的客观分析，选择适合自己的发展道路，并制定科学、合理的目标，全面规划自己的学业和未来发展。生涯管理与决策的主要内容是了解生涯决策的影响因素，掌握生涯决策的方法和技能；发现、处理、评估、整合、呈现信息的技能；学会生涯管理，包括情绪管理、时间管理、压力管理、人际关系管理等。时间管理的具体内容是认识到时间管理的重要性、时间管理的科学步骤，能够制定目标，做好时间规划，并执行计划。压力管理的具体内容是了解压力的性质、来源、压力对个人的影响以及缓解压力的方法。人际关系管理的具体内容包括人际关系的类型、发展过程、构建和谐人际关系的过程。情绪管理的具体内容是了解情绪的产生机制、类型、情绪对个人的影响、利用积极情绪调节消极情绪的方法。

二、高中学生生涯教育内容的纵向组织

生涯发展理论认为学生在不同阶段有不同的发展任务,所以高中学生生涯教育的内容应该根据学生发展需求进行阶段性侧重。下面将根据每个年级的高中学生生涯教育目标、社会发展需求和学生发展需求纵向组织高中学生生涯教育内容要素。由于生涯发展能力需要经历认知—探索—实践的过程,所以各年级的高中学生生涯教育内容要素的实施顺序可以根据生涯能力发展的逻辑顺序进行大致安排,具体顺序可以根据实际情况灵活安排。

(一)高一年级高中学生生涯教育内容

高一学生刚从初中升入高中,主要任务是适应高中学习和生活,养成良好的学习和生活习惯,对自我有正确的认知,并在高一下学期进行自主选科。因此,高一年级高中学生生涯教育目标旨在进行生涯意识的启蒙,内容以生涯认知为主,以引导学生正确认识自我,适应高中学习和生活,根据自身情况规划学业,在规划中实现自我发展。高一年级高中学生生涯教育内容是按照高中学生生涯教育三大领域进行组织的,具体实施顺序应按照学生的实际情况进行灵活安排,抓住高中学生生涯教育具体内容实施的重要时机,如在学生刚入学时优先安排了解高中环境、了解"生涯"等内容,在学生进行自主选科前,完成认识个人特质,职业、专业与学科之间的关系以及自主选科的内容安排。

生涯认知阶段的内容包含5项:
①认识自我个人特质。
②认识社会角色及责任。
③了解"生涯"。
④进行理想教育,指引学生未来发展。
⑤情绪控制与自我调适。

其主要目的是帮助学生全面了解、认识自己,形成积极的自我概念,学会悦纳自己,维持心理健康;引导学生树立远大理想和抱负,为高中三年的学习

和未来的发展指明前进方向。

生涯探索阶段的内容包含6项：

①了解高中环境，适应高中学习和生活。

②学习指导。

③安全与健康指导。

④通过志愿服务等方式，进行职业初体验。

⑤职业、专业与学科之间的关系。

⑥自主选科。

其主要目的是引导高中生尽快适应高中学习和生活，引导学生初步了解社会，对社会环境有初步的感性认知，帮助学生进行自主选科。

生涯规划阶段的内容包含3项：

①进行时间管理，制订初步的学业规划。

②积极的社交技能。

③团队合作的态度和能力。

其主要目的是引导学生进行学业规划，帮助学生建立良好的人际关系，并了解做一个合格的职业人所应具备的基本素养。

（二）高二年级高中学生生涯教育内容

高二年级高中学生生涯教育目标是帮助学生加深自我认知，合理安排学业，了解升学和就业相关信息，思考未来发展方向。高二年级高中学生生涯教育内容主要聚焦于生涯探索领域，引导学生进一步认识自我、完善自我、了解生涯信息。高二年级高中学生生涯教育内容大致按照生涯认知—生涯探索—生涯规划的逻辑进行安排，在课时安排上生涯探索内容应占较大比重。

生涯认知阶段的内容包含3项：

①认识自己成长中的变化。

②认识终身学习的重要性。

③开展人生意义教育。

其主要目的是引导学生在发展中规划，在规划中灵活调整。

生涯探索阶段的内容具体包含6项：

①职业分类结构、数量和原则。

②职业类别的内容。

③职业大典的使用指南。

④探索感兴趣的职业的具体信息。

⑤升学信息。

⑥搜集、评估、运用生涯信息的技能。

其主要目的是帮助学生全面了解职业类型以及具体内容，帮助学生将未来职业与现在学习相联系，从而提高学习动力，为未来职业发展做准备；帮助学生学习搜集技能，不断提高信息检索能力，为自主探索所需信息做准备。

生涯规划阶段的内容具体包含3项：

①问题解决。

②创造性、压力管理。

③初步拟定生涯发展规划。

其主要目的是引导学生进行生涯规划，培养各项能力，脚踏实地实现自我价值。

（三）高三年级高中学生生涯教育内容

高三学生面临升学和就业，需要搜集相关信息为自己的生涯决策提供支持，同时掌握科学的复习方法，调整节奏，提高效率，了解高校专业，做好学业规划、时间管理、情绪管理、压力管理。高三年级高中学生生涯教育内容以生涯规划为主，帮助学生完善已有的生涯计划，明确自己的目标，做出生涯决策。

生涯探索阶段的内容具体包含3项：

①进一步了解所选定的职业领域。

②进一步了解社会职业环境。

③进一步了解一般就业技能。

其主要目的是深入了解与探索，帮助学生明确未来的职业选择。

生涯规划阶段的内容具体包含4项：

①生涯决策。

②发现、处理、评估、整合、呈现信息的技能。

③志愿填报指导。

④备考策略。

其主要目的是提高学生的学业水平，保护学生的心理健康，为升学考试做准备。

三、高中学生生涯教育课程内容的特色实践

基于高中学生生涯发展教育的目标定位，学校可开展特色实践。

第一，面向全体学生开设基础型课程、生涯班会课、心理辅导课以及社会实践课，提高学生生涯发展所需的基本能力。

第二，面向学生开设供自主选择的课程，满足学生的个性化需求。通过兴趣分层，让学生自主报名社团，可以使学生在社团活动中深入体验和发展兴趣；通过能力分层，让具有不同能力的学生选择适合自己的团体课程，如学生领导力课程等，可以让学生在自己擅长的方面更上一层楼；通过优势分层，让学生选择符合自身优势的拓展课，如机器人、思维训练、头脑奥林匹克等，可以让学生通过深入体验和学习，让自己的优势得到更好的发挥。这些不同的分层设计，满足了学生对生涯探索的个性化需求。

从上述两个维度出发，学校可建构涵盖基础型课程和拓展型课程的完整的高中学生生涯教育课程体系（见表5-1）。

表 5-1 高中学生生涯教育课程体系

课程类型		具体课程	目标定位与能力培养
基础型课程		各门学科	培养学生选择的能力；让学生认识自己、认知未来，认识自己与未来的连接
拓展型课程	非限定性拓展课	各种拓展课	
		社团课程	
	限定性拓展课	心理辅导课	让学生认识自己、认知未来、认识自己与未来的连接；深入体验职业，培养学生的生涯适应力；帮助学生树立未来不设限、坦然面对变化的弹性价值观
		生涯班会课	
		社会实践	
		TEDxYouth	

随着对高中学生生涯教育探索的深入，学校在高中学生生涯教育课程体系的建构上又做了进一步的改革。除了基础性课程的渗透和拓展型课程的主题活动设计，学校又整合运用各方面的高中学生生涯教育资源，设计了有针对性的高中学生生涯教育课程。由此，高中学生生涯教育既有相对独立的课程作为支

撑，也能深刻融入学校整体课程与教学改革中，形成一种专兼结合的高质量课程体系。

第四节 我国高中学生生涯教育的师资培育

高中学生生涯教育的高质量发展关键在于师资队伍建设。因此，辨明高中学生生涯教育师资队伍建设的困境，厘清高中学生生涯教育师资队伍建设的出路很有必要。当前，从实践的角度来看，高中学生生涯教育一般没有专门的教师，生涯教育师资的专业化建设更是举步维艰。这一方面与国家和政府层面缺少生涯教育教师职业标准，高校较少设置生涯教育专业有关；另一方面，也与高中的教学性质、教学任务和师资队伍建设实际情况有关。❶

总体而言，高中学生生涯教育师资队伍普遍存在专业化程度低、专业发展支持不足的问题。虽然各省市在相关文件中都提及生涯教育教师专业发展的问题，但是当前的生涯教育教师专业发展路径多为非常态性的区域教研、校本教研、课题研讨、交流学习或自我提升，培训覆盖面小、系统性低、持续性差，对于提升师资队伍的整体水平效能不足。生涯教育教师的专业发展需要制度、经费、资源、指导团队的多元保障，需要建立全面、系统、可持续的支持体系。

基于这样的认识，在高中学生生涯教育课程的建设过程中，有必要统一考虑师资问题。一方面，只有配备了高素质的生涯教育师资队伍，高中学生生涯教育课程的开发才能够源源不断，持续性地推陈出新；另一方面，只有具备了专业化的生涯教育教师队伍，高中学生生涯教育的具体开展才能够有相应的人才保障。实际上，在整体层面生涯教育教师专业标准缺失的现实情况下，要打造专业化的生涯教育教师队伍，就要赋予教师生涯教育的意识，通过专题性的培训和学习提升教师的生涯教育技能；同时，支持教师通过学习和努力获得生涯教育的职业资格，真正打造一支构成多样、专兼结合、奋斗进取的生涯教育教师队伍，为高中学生生涯教育课程的建设和实施提供足够的人力资源

---

❶ 潘松.普通高中生涯教育的核心问题与有效对策[J].教学与管理，2020（4）：23-26.

支持。

一、加强生涯教育师资队伍建设

我国生涯教育教师应该接受系统的职业生涯规划、教育学、心理学等知识的培训,具备较强的理论和实践技能,不但要胜任课堂教学,而且要能够策划、组织职业生涯体验活动。因此,学校要建章立制提升生涯教育教师的专业化水准。例如,定期对生涯教育教师的工作状况进行绩效评估,逐步完善生涯教育教师的继续教育和培训机制,为其提供学习机会。另外,要面向全校教师开展普适性生涯教育活动,使生涯教育教师树立正确的生涯教育理念,掌握专业的生涯教育技能,更好地完成生涯教育教学目标,提升教学质量。加强生涯教育师资队伍建设的途径如图5-1所示。

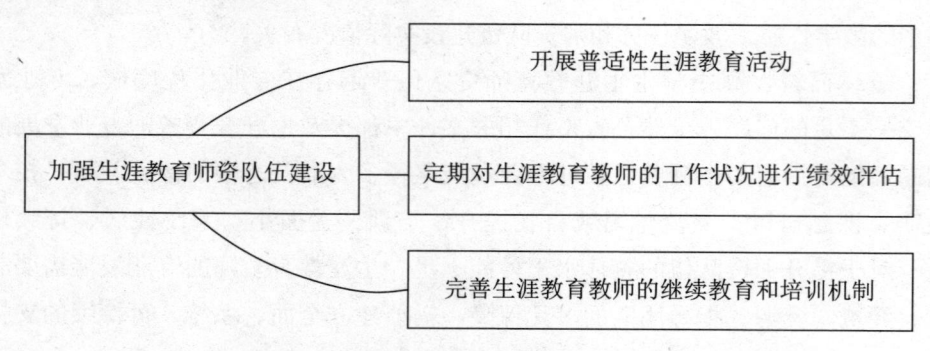

图5-1 加强生涯教育师资队伍建设的途径

二、开设生涯教育教师生涯课堂

教师专业发展是教师通过不断的学习持续地提升专业素养的过程,有效的教师专业发展既需要教师的主动投入,又需要外在条件的支持。教师专业成长应该从形式、内容和师资上构建功能齐全的支持体系,包括开展有效的培训、提供内容丰富的学习资源、创建专业的教师专业发展指导团队,特别是对于生涯教育教师而言,由于学校几乎没有科班出身的生涯教育教师,如何通过有效的教育和培训切实提升生涯教育教师的专业素养,是学校必须考虑的问题。学校可以通过开设生涯教育教师生涯课堂的方式,提升教师对于生涯教育的认知,为高中学生生涯教育的持续开展提供高质量的教师支持。

第五章　我国高中学生生涯教育的课程体系构建

在新高考改革背景下，高中学生生涯教育的任务更加凸显，除心理教师之外，全校教师都需要具备给学生进行生涯指导的技巧。为此，要针对全校教师开展生涯课堂，帮助每个教师了解并掌握生涯指导的方法，指导班主任开展生涯教育主题班会，便于教师和学生进行生涯话题的沟通。

基于教师在开展高中学生生涯教育过程中的现实困惑，着眼于解决实际问题，本书通过校内外教育资源的有效整合，开发设计了以主题班会指导为主要内容的生涯教育教师生涯课堂内容，旨在通过共同的研讨，提升教师的生涯教育素养（见表5-2）。

表5-2　生涯教育教师生涯教育课堂内容

环节	主要内容		学习方式
现象思考	现象1：学生对自己生涯发展的困惑，以及班主任面临的如何进行指导的困惑 通过PPT+画外音的方式呈现实际案例		观摩
	现象2：新入职班主任对于高中学生生涯教育的迷茫，对如何开展高中学生生涯教育感到手足无措 通过PPT+画外音的方式呈现实际案例		观摩
	学员完成作业（10道题选择/判断）		完成作业
理论学习	基于主题班会开展高中学生生涯教育的策略指导 形式：微讲座		观看讲座
	聚焦生涯发展的高中教育 形式：微讲座		观看讲座
	高中学生生涯教育与主题班会 形式：文本阅读		阅读文本
	高中学生生涯教育与主题班会 形式：微讲座		观看讲座
	学员完成作业（30道题选择/判断）		完成作业
案例分析	高一：认知与探索	①生涯觉察：认知自我，适应高中	观看案例
		②生涯探索：对照自我，生涯定向	观看案例

续　表

环节	主要内容		学习方式
案例分析	高二：目标与规划	③生涯规划：体验职场，认识职场	观看案例
		④生涯准备：学科选择，初定目标	观看案例
	高三：决策与行动	⑤生涯决策：挑战自我，初步定位	观看案例
		⑥生涯行动：生涯定位，最后冲刺	观看案例
	研讨：策略归纳与总结		观看研讨
	学员完成作业（20道题选择/判断）		完成作业
实践反思	从课程所讲的四项策略中，选择一项，设计系列主题班会的方案，并在实践之后写下感悟与反思		自主学习

第六章　我国高中学生生涯教育的实施路径

第一节　学科教学与高中学生生涯教育的创新融合

本节分别从原则、路径两个方面探讨了学科教学与高中学生生涯教育的创新融合。[1]

一、学科教学与高中学生生涯教育创新融合的主要原则

学科教学与高中学生生涯教育的创新融合要体现以下三个原则。

（一）坚持以人为本原则

以人为本是高中学生生涯教育的根本理念。学科教学与高中学生生涯教育的创新融合要始终把"人"放在重要位置，处处彰显"人"的原则。

首先，要坚持教师为主导。教师在教学过程中属于组织者，决定着学生学习的方向、内容、进程和结果，同时也影响着学科教学的趣味性和价值性。因此，学科教学与高中学生生涯教育的创新融合应充分发挥教师的主导作用，由

---

[1] 张晶，弋媛. 普通高中生涯教育学科渗透的开发路径 [J]. 教育科学论坛，2023（2）：34-38.

教师精心设计教学过程，构建充满人文气质的课堂。

其次，要坚持学生为主体。教育活动的对象是学生，以学生为主体是以人为本思想的教育延伸。学科教学与高中学生生涯教育创新融合必须要以学生为教学活动的出发点，既要关注全体学生的成长，又要重视学生的个性化发展。因此，教师要营造互动、参与、开放的课堂氛围，充分发挥学生的主体地位，鼓励并尊重学生发表自己真实的意见及看法，让学生在课堂互动、活动参与中开放思维，尽可能全面地认识和评估自己，发现自己的优势，并不断挖掘自身内在的潜力，实现自我突破性的发展。

最后，要建立平等、友爱、民主的师生交往关系。教学是由教师的教和学生的学共同组成的，不单单是教师单方面的输出，而是师生之间的协助共建，良好的师生关系有利于教师和学生共同协作达成教育共识。基于此，在学科教学与高中学生生涯教育创新融合过程中，教师要创设尊重、平等的课堂环境，让学生敢于在课堂上表达自己的想法，乐于分享关于自身的问题。在这样的课堂中，教师才能言传身教，以身传教；学生才能亲其师、信其道、尊其师、奉其教、敬其师。

（二）重视实践体验原则

学科教学与高中学生生涯教育创新融合，要重视实践体验，做到"三贴近"，即贴近时代、贴近生活、贴近学生。

一是贴近时代。学科教学与高中学生生涯教育创新融合要坚持时代导向，立足于当下、不忘本来、面向未来，与时俱进、紧跟时代步伐，传导中国特色社会主义新时代的主流意识形态，引导学生正确认识个人成长和发展道路同民族文化以及国家命运之间的联系，提高文化认同、民族自豪感和建设社会主义现代化强国的使命感与责任感。例如，在"从一个人、一个家庭、一个社区、一个城市的发展感受社会主义制度的优越感"的研究性学习中，引导学生观看纪录片《厉害了，我的国》，感受祖国取得的辉煌成就，从而将自身成长与社会发展、民族未来、国家振兴紧密联系在一起。

二是贴近生活。学科教学与高中学生生涯教育创新融合，要求教师既要基于生活，又要超越生活，有计划、有目的地采用各种教学方式，做到事理相结合，用事实、数据进行认知教育，使抽象的知识色彩化、生活化、生动化。

三是贴近学生。学生是教育教学的原点、基点和重点，贴近学生，就是要以学生的素养获得为原点，以学生的终身发展为基点，以学生的学为重点。学科教学与高中学生生涯教育创新融合，就是要立足于学生，适应学生身心特点和成长规律，从学生的实际生活出发，积极探索和发现教材与高中学生生涯教育的联结点，关注学生过去的生活、现在的生活以及未来的生活，鼓励学生发挥主观能动性，积极主动地去探索、发现、分析、解决问题，寻求客观规律，从而充分地掌握知识，并在实际生活中灵活运用知识。

（三）引领学生发展原则

学科教学与高中学生生涯教育创新融合必须要引领学生的发展，即融入学科教学的生涯知识应该是对学生认识社会、理解人生、回归生活有价值的知识。引领学生发展原则表现为引领发展的生成性、启迪思想的学理性、点亮人生的指导性。

一是引领发展的生成性。在学科教学与高中学生生涯教育创新融合，课堂预设很重要，这就意味着教师要在上课前做好准备，对学生的学习积极性、课堂氛围、教学效果的达成等内容做出预期和筹划。但是，这并不意味着课堂教学应按部就班、一成不变，而是要在教学过程中根据学生的回答与反映，不断灵活调整教学方式，从而让课堂活起来，更好地完成教学任务。此外，教师还可以借此培养学生的代入思维素养，引导学生明辨、慎思、自省、笃行。

二是启迪思想的学理性。一方面，教师要树立一切能促进人发展的有益物质都可以成为案例教材的大教材观，通过选择能引导学生自我探索、拓宽学生视野的高中学生生涯教育素材，激发学生的学习动力和生涯意识。另一方面，教师要帮助学生建构跨学科知识的联系，通过学科知识与生涯教育的融合，引导学生关注学科知识，关注能力养成，关注自我潜能的开发，关注社会发展对职业的需求，关注当前高中学习，关注未来人生发展。

三是点亮人生的指导性。学科教学与高中学生生涯教育的创新融合要具有指导个人价值判断、行为选择和生涯决策的意义。引导学生了解国情、了解社会，增强社会责任感和使命感，将理想目标与国家发展紧密联系在一起，服务人民、建设祖国，成为社会主义现代化建设的合格人才，进一步引导学生全方位、正确地认识自我，树立正确的价值观、职业观和择业观。

二、学科教学与高中学生生涯教育创新融合的实施路径

学科教学与高中学生生涯教育创新融合的主要突破口在于学校和教师。因此，应从"转变观念，重塑合理认知""开阔视野，建立优质队伍""制定标准，细化教学要素""深挖资源，创新教学模式"这四个方面入手，让学科教学与高中学生生涯教育创新融合充满温度和深度。❶

（一）转变观念，重塑合理认知

全面了解高中学生生涯教育的内容、目标、实施途径、方法等方面的知识，树立对学科教学与高中学生生涯教育创新融合的合理认知，有利于顺利开展和有效实施教学活动。

1. 尊重学生成长的阶段性与个性化发展，引导学生重视生涯问题

当前，高中学生的集体素质不断提高，有着更强的好奇心和求知欲，知识更加丰富，综合能力更加突出。但是，高中学生的心理没有实现相应的成长。这就要求教师在学科教学与高中学生生涯教育创新融合的过程中把握好专业的学科课程性质，在日常教学中不仅要关注知识能力目标的完成，还要关注价值观、学科核心素养目标的生成，更要关注学生现处的生涯发展阶段，将学生所处阶段的生涯目标融入专业课程，在帮助学生"扣好人生第一颗扣子"的同时，引导学生重视自己的生涯发展。

此外，由于学生的先天禀赋、环境影响、认知理解能力有差异，学生在学习的过程中遇到的困惑各不相同，对生涯知识的需求也有所不同。因此，在学科教学与高中学生生涯教育创新融合的过程中，教师不仅要关注全体学生的发展，也要关注学生个性发展。教师要了解学生对生涯知识的需求以及自我探索、生涯认知、生涯决策与管理方面的困惑，优化教学目标、精选教学案例、创设生活情境；教师要接纳多元的价值观，对于学生在生涯选择、生涯管理中出现的好高骛远、不切实际的问题，不要急于否定和批评，而是要在教学过程中引导学生运用学科知识探索这些价值观背后的不合理性，使学生做出更合理的选择。

---

❶ 张军学，张蕾.用生涯教育助推核心素养落地——陕西省高中生生涯规划教育课程以华清中学为例 [J]. 教育现代化，2018，5（50）：199-200.

2. 充分认识学科教学与高中学生生涯教育创新融合的功能与价值

学科教学与高中学生生涯教育创新融合要协调发挥育人的功能与价值，而不是仅仅局限于为学生升学时的专业选择服务。

第一，有效改善学生的自我认知，提升学生的自我效能感，促进学生树立发展观念。从功能的角度来看，学科教学与高中学生生涯教育创新融合具有教学评价方面的功能优势。新课标规定学科的教学评价以学生的学科核心素养发展水平为评价对象，通过关键行为表现、学科任务、评价情境和学科内容四个基本维度内容的考察来判断专业学科知识的教学效果。高中学生生涯教育的融入从情感、选择、思想意识、理想理念等领域入手细化了四个评价维度，激发了学生的学习积极性，使学生能够变更学习策略，改进学习方法，增强学习的自觉性，向更高目标努力。从价值的角度来看，学生对学科的相关知识进行学习的过程也是建构自我精神世界、建立认知体系的生涯发展过程。自我是一个复杂的人格系统，是个体在社会交往活动中不断发展成长的重要部分。自我的认知需要在对他人、对自己以及他人对自己的体验中实现，因此，教师要关注学生的生活体验，构建体验型活动课堂，创设真实生活情境，鼓励学生在参与社会生活的过程中充分了解自我，发展和完善自我。在此过程中，教师要引导学生认识到生涯是一个连续不断的、动态的发展过程，是从认识到实践再到反思与建构的发展过程。

第二，提高学生的生涯规划和管理能力，使学生结合自身的兴趣、优势与特质，从而更加主动地探索自身生涯的发展。高中各个学科都为高中学生生涯教育创设了基于生活的真实情境，让学生能够通过社会实践获得真实的生活体验，了解社会生活的真实情景，发现现实生活的真实问题，从而鼓励学生思考如何在其所处的整体情境与个人意愿之间达成平衡，结合国家与社会的发展需要思考自身的生涯目标。

（二）开阔视野，建立优质队伍

学科教学与高中学生生涯教育创新融合的主要突破口在于教师。因此，要开阔视野，建立优质的师资队伍。

一是要倡导和鼓励教师开展学科教学与高中学生生涯教育创新融合。学科教学与高中学生生涯教育创新融合不是麻烦而是一条教学捷径，利用与学生发展息息相关的生涯教育知识促进学生深度学习、终身能力等方面的发展，可以取得事半功倍的教学效果。因此，学校要贯彻"一切为了学生发展"理念，坚决以学生发展为本，积极倡导和鼓励教师开展学科教学与高中学生生涯教育创新融合，推动落实高中学生生涯教育。学校应该鼓励学科教师组制定学科教学与高中学生生涯教育创新融合效果的评价标准；鼓励教师大胆设计学科教学与高中学生生涯教育创新融合的教案，并进行经验分享与学习，激发教师开展学科教学与高中学生生涯教育创新融合的积极性与主动性，促使教师就此修订教学计划、改进教学方法、完善教学指导。

二是要提高教师的理论水平。师者，传道授业解惑也。教师要想给学生盛满"一碗水"，必须自己有"一缸水"。教师的理论水平与学科教学与高中学生生涯教育创新融合的效果密切相关。因此，一方面，各学科教研组负责人可以组织集体备课、评课、总结等提高教师专业技能的活动，使教师共同探讨学科教学与高中学生生涯教育创新融合的模式方法、路径策略；另一方面，学校要定期组织各个学科教师进行生涯教育知识的学习和培训，邀请专家开展宣传活动，提升教师学科核心素养水平和自身综合素养水平，促进教师专业成长。

三是要加强渗透技能培训，促进教师专业发展。面对学科教学与高中学生生涯教育创新融合，教师们普遍表示心有余而力不足。因此，学校需要加强对教师的技能培训。一方面，学校可以依靠自己的内部力量加强教师的技能培训，组织全体教师研讨教材，基于高中学生生涯教育各阶段教学任务，整理出各科教材中能融入高中学生生涯教育的章节。同时，还可以开展集体研讨备课、集体观课、集体课后反思等教研活动，集体寻找改进教学的方法，促进教师专业成长。另一方面，学校可以通过外界力量支持促进教师专业发展。例如，与其他学校共同开展学习调研座谈会，由骨干教师分享经验与心得，使其他教师相互学习、交流与借鉴；组织教师参加相关领域的研学培训，观摩学习其他地区的教学成果；邀请专家、学者举办讲座，帮助教师更全面地理解高中学生生涯教育理论知识，从而更好地服务于教学之中。

（三）制定标准，细化教学要素

现阶段，缺乏来自国家、地方以及学校的统一标准是制约学科教学与高中学生生涯教育创新融合的重要问题。因此，下面将对制定统一标准、细化融合目标和改变内容设计三个方面进行探讨。

1. 制定课程标准，发挥引领作用

首先，国家可以根据各学科课程标准制定统一的法规文件，具体阐明学科教学与高中学生生涯教育创新融合的基本理念、实施路径等内容；结合当前社会环境、国家发展需求、高中生的发展特征以及生涯教育的相关理论来确定学科教学与高中学生生涯教育创新融合的目标，并通过对该目标的阶段性细化，增强目标的可操作性。其次，各省市可以设立专门的生涯管理机构，基于国家统一文件标准，制定结合本地区社会经济发展的具体的实施指导意见；建立生涯指导教师研学培训制度，定期为学科教师提供有针对性的高中学生生涯教育相关培训，提升任科教师在教学中渗透能力；监督各区、校落实高中学生生涯教育制度，配齐专任、兼职的生涯教育教师；推进各区、校创新高中学生生涯教育模式，鼓励学科教师根据学科特点与学生实际，将高中学生生涯教育融入其学科教学的全过程，保障高中学生生涯教育的高质量发展。最后，学校要结合国家的文件标准和地方的实施指导意见，从本校的教育理念、学生的实际情况与需求以及教师的教学水平出发，制订校本层面的高中学生生涯教育渗透实施路径。

2. 细化融合目标，体现育人价值

在国际范围内，生涯管理能力的培养已经成为高中学生生涯教育的重要目标。因此，学科教学与高中学生生涯教育创新融合也可以从生涯管理能力出发，结合学科的核心素养，充分体现在学科教学中融入高中学生生涯教育的育人价值。

高中学生生涯教育教学目标的制定采用逐渐递进、螺旋上升的组织策略，不同阶段有着不同的教学任务。同样，学科教学与高中学生生涯教育创新融合可以从横纵两个方面进行细化。在横向上，可以将学科教学与高中学生生涯教育创新融合的目标划分为自我探索、生涯探索以及生涯规划与管理三个维度。其中，自我探索的目标是指通过学科教学，引导学生综合运用学科知识对个人的社会交往活动进行分析、反思，在反复认识与实践的自我认知建构过程中，不断挖掘自身潜力，发现和完善自我。高中学生处于自我意识快速发展的时期，随着年龄的增长、知识储备量的增加，学生对自我、对社会的理解时刻发生着变化，他们的兴趣、爱好也会随之变化。因此，教师要引导学生不断地与自我对话，反思实践过程中的成功经验、失败教训以及心得体会，帮助学生更清晰地明确自己的兴趣、爱好和追求，不畏惧失败、敢于实践、勇于犯错。

在纵向上，学科教学与高中学生生涯教育创新融合目标可以按照不同年级和不同教学模块进行细化分类。不同专题的教材侧重点不一样，不同年级的需求也不一样，因此学科教学与高中学生生涯教育创新融合目标要与学生生涯发展与认知水平相适应，遵循学生的发展规律，按照连续性、顺序性的原则由浅入深、逐层递进地进行划分。

3. 精选教学内容，促进学生发展

学科教学与高中学生生涯教育创新融合是围绕学科教材中的内容展开的，但也要注重深入教学内容，以学生为中心，根据高中学生生涯教育各阶段的教学任务，选择适合开展高中学生生涯教育的教学模块。首先，要选择凸显价值引领的教学内容，让学生在价值判断和价值选择的过程中，探索自我、探索世界。其次，高中学生生涯教育作为学科的新载体，必须服务于教学目标的实现和教学效果的达成。因此，选择融入的内容必须要具有开放性、引领性和有效性。其中，开放性是指融入的这部分教学内容是与高中学生生涯教育有相关性的内容，具备深入挖掘高中学生生涯教育资源的可能；引领性是指这部分教材有融入高中学生生涯教育的价值，并且具备培养学生生涯能力的意义；有效性则是选择的这部分教学内容有促进自我认知和生涯认知能力提升的效果。

（四）深挖资源，创新教学模式

学科教材中高中学生生涯教育资源匮乏，学科教学与高中学生生涯教育创新融合的形式保守单一，因此教师要深入挖掘高中学生生涯教育资源，创新学科教学与高中学生生涯教育创新融合模式，提高学生学习兴趣，开阔学生视野。

1. 挖掘"渗透点"，提升融合性

当前，关于学科教学与高中学生生涯教育创新融合的教学资源较少，教师需要正确把握学科的内涵目标，深入挖掘课程中相关的高中学生生涯教育资源，探讨学科教学与高中学生生涯教育创新融合的路径，提升两者的融合性，促进学科教学的新发展。

一方面，纵深挖掘。教师要鼓励学生树立正确的大局观、职业观，将自己的生涯发展立足于中国特色社会主义道路的这个大环境中，从国家的发展出发考虑小我的发展，立志报效祖国。

另一方面，横向比较。当前世界正处于大发展、大变革、大调整时期，因此，教师必须拥有宽广的国际视野，有追求世界共同目标，具备人类情怀的国际意识，能够通过一系列横向比较，引导学生观大局、抓本质、明方向，迈好生涯发展的第一步。

2. 找好"切入点"，创新学科教学与高中学生生涯教育创新融合模式

时代在发展，社会在进步，创新学科教学与高中学生生涯教育创新融合模式，可以给学生深刻的学习体验，引导学生树立正确的生涯理想和信念，学会正确的思考方法。

一是案例教学。案例教学法通过视听结合，引导学生对典型案例进行判断、分析和探究，掌握知识。在案例教学设计中，教师要立足于教学目标和高中学生生涯教育相关内容，以及学生的实际需求，选取具有生活气息、积极向上、生动有趣，又紧扣教学目标，能激发学生对自身生涯发展进行思考的、典型的问题和案例，并设计相关的教学环节融入高中学生生涯教育内容。因此，学科教学与高中学生生涯教育创新融合要选取优质案例。

二是议题引领，回归生活课堂。教师必须在教学起点和载体上进行教学改革与创新，基于真实的生活，以真实主体为探究的议题。只有真情景，才有真问题、真思考、真效果，才算真学习。

第二节　学生生涯的专业化评估与指导

一、高中学生生涯教育评价

（一）针对指导者的评价

按评价目标（评价对象）区分，针对指导者的评价包含高中学生生涯教育

管理和高中学生生涯教育工作两大部分。❶

1. 对高中学生生涯教育管理的评价

高中学生生涯教育管理评价的重点项目有以下几项。

①本校高中学生生涯教育的指导思想是否明确落实。

②在学校管理体制中，高中学生生涯教育的组织是否明确落实。

③本校高中学生生涯教育的管理机构是否有名有实，是否能组织全校教职员工共同协作进行高中学生生涯教育工作。

④在校务分工上的位置，高中学生生涯教育的组织机构、实施体制（包括人员）是否结合了本校的实际情况。

⑤在管理方面是否充分考虑了高中学生生涯教育活动与学校其他教育活动之间的相互联系与相互作用。

⑥为了获得全体教职人员的理解，是否制订了具体的计划，对教师进行了系统的高中学生生涯教育培训。

⑦教师进修的结果，是否对改善和提高高中学生生涯教育的效果起到了实际的效果。

⑧为了取得学校与家庭（包括社会有关机构）的配合，是否展开过以家长为对象的高中学生生涯教育专门进修活动。

⑨学校与家庭、专业服务机构及与社会有关机构协作的实际效果如何。

⑩高中学生生涯教育实践活动所必需的经费、设备、资料等是否能落实。

⑪高中学生生涯教育的经费、设备、资料等利用的效益如何。

⑫是否经常对高中学生生涯教育管理的一系列具体工作进行充实与完善。

2. 对高中学生生涯教育工作的评价

对高中学生生涯教育工作的评价包括以下几项。

①高中学生生涯教育的担任者（教师、班主任等）是否明确了高中学生生涯教育的方针、目的与实施过程中各个环节的相互关系。

②高中学生生涯教育工作是否根据社会的变化与发展，根据社会的实际经济状况，根据被指导者（学生）心理发展实际状态进行，也就是是否是在与实

---

❶ 曹凤莲.依托"高中学生成长系统"促进学生发展的生涯教育实践探索[J].现代教学，2021（12）：51-54.

际相结合的基础上进行的。

③年级或班级是否有具体的高中学生生涯教育工作计划,并且依照计划在展开工作。

④实施的高中学生生涯教育计划,是否充分考虑了适当的内容、方法、时间以及教材资料。

⑤是否为理解被指导者(学生)而收集了所必需的各种资料,并利用它们去深化被指导者(学生)的自我了解过程。

⑥是否收集、整理了被指导者(学生)所关心的以及有兴趣的职业情报资料,并有效地加以利用。

⑦是否进行了有实际效果的个别咨询与集体咨询活动。

⑧对学生毕业时升学或就业的具体选择,以及毕业后自我实现的个人志向决策,是否进行了妥善的指导与援助。

⑨在促进年级或班级职业规划与生涯教育工作的过程中,是否注意主动与其他任课教师联络,并积极争取对方的协助。

⑩是否有计划地与被指导者(学生)的家长进行联系,并根据实际状况适时安排面谈等。

⑪为了不断充实、完善指导工作,是否有计划地定期进行自我评价。

(二)针对被指导者的评价

针对被指导者(学生)的评价,可以分为从一般视点出发的评价与从发展视点出发的评价。

1. 从一般视点出发的评价

①是否能对自己的职业能力、能力倾向、兴趣等有综合性的理解,是否根据实际条件设计、计划、推敲自己的职业志向。

②是否对自己将来的职业生活道路具有责任感,并能在此基础上选择确定自己的职业志向。

③对暂定的职业志向计划是否经常推敲、反省、修改,力求成立最佳的方案。

④是否积极参加体验职业生活的实践活动,尽最大可能去获得职业世界的

知识。

⑤是否积极关心、收集有关职业教育与训练方面的信息，产业与职业方面的信息，并自觉地去认识、掌握它们。

⑥是否能客观地认识自己，切实理解个人职业选择的意志决策过程。

⑦是否已确定了以自我实现为目标的职业志向，并树立起为此而努力的意志与态度。

2. 从发展视点出发的评价

发展的视点，实质上是以职业发展的理论为基础的评价观点。近年来，随着发展理论运用的普及深入，对被指导者（学生）进行评价的重点出现了两个方面的倾向：一是职业志向的探索计划能力；二是职业的选择决策能力。

（1）职业志向的探索计划能力

对职业志向的探索计划能力的评价可分为以下三点。

①探求理解能力，指能充分客观地把握自己的心理事实，包括个人的能力倾向、性格、兴趣、学力、职业志向、需要、职业价值观等；努力学习探求高一级学校与职业世界的知识，较充分地了解高一级学校的情况与职业社会的有关资料情报；能认识、理解个人与职业志向知识情报之间的关系。

②探索选择能力，指不断探索选择与自己最相符的职业；暂时确定最符合自己的具体职业志向；参加职业生活的实际体验，进一步探索自我发展与自我实现的可能性。

③计划立案能力，指为了实现自己的职业志向，在时间准备上做出计划安排，然后根据时间准备的需要，安排与制订具体的努力目标与行动计划。

（2）职业志向的选择决策能力

对职业志向选择决策能力的评价，同样也可分为三点。

①综合分析、解决问题的能力，指为了实现希望的职业志向，对目前存在的问题与障碍等有客观、综合的理解认识，对克服这些问题与排除障碍的手段方法已有思想上的准备。

②决策判断能力，指为了实现职业志向，对自己的努力目标与行动计划的自信程度和自我接受程度。

③实行能力，指实行职业志向计划的意欲程度和为实现职业志向计划所付

诸的行动状况。

（三）评价的注意点与评价结果的利用

1. 高中学生生涯教育评价的注意点

评价工作的注意点，实际上是强调对评价过程的各个步骤进行把关。

①注意对评价目的的确认。在实施评价之际，首先应当注意对评价目的即结果的利用意图进行确认。高中学生生涯教育的评价目的一般有以下四个方面。

一是以指导为目的，即从指导者（教师）的立场出发，以提高指导效率，充实改善指导计划、内容、方法等一系列工作为目的的评价。

二是以学习为目的，即从被指导者（学生）的立场出发，通过自我评价或相互评价，以增加职业知识与促进职业发展为目的的评价。

三是以管理为目的，即从学校对学生管理的角度出发，积累被指导者（学生）的具体资料，以做好升学或就业准备为目的的评价。

四是以研究为目的，即从高中学生生涯教育的实际需要出发，以职业规划与生涯教育的方法、教材等研究开发为目的的评价。

②注意对评价对象的分析与具体确认，也就是指评价者要明确自己所评价的对象的概念，才能准确地设定具体的目标。

③注意对选用评价工具方法的推敲，即对于选定的评价工具与方法对评价目标是否最合适的，其妥切性、可信性、客观性程度如何，必须要做到心中有数。

④注意资料数据处理与解释说明的科学性。在资料数据处理的三种解释说明中，无论是绝对解释、相对解释，还是个人内部的评价解释，都要注意评价观点的客观性与科学性。

⑤注意对高中学生生涯教育整个实施过程与方法进行系统性评价。评价工作不能只针对指导的结果，还应当注意对过程方法的回顾反省，评价时应该考虑教材的提示、教具的利用、学生在课堂上的反映等。

⑥注意对评价方法的判断，清楚各种评价方法的特点与界限，以便做出准确的选择，同时也有利于今后评价方法的改进。

⑦注意对高中学生生涯教育评价全过程和结果的资料记录与积累。

2. 评价结果的利用

（1）指导者评价结果的利用

对指导者的评价结果，一般应向全校教职员工报告，并组织有关人员进行集体讨论，明确已发现的问题与潜在的问题，商议解决的方案。具体内容有以下五点。

①高中学生生涯教育工作本身的充实提高（指导思想、实践方针等）。

②高中学生生涯教育体制的确立与其作用的进一步发挥。

③高中学生生涯教育工作所必需的经费、设备、资料的充实和改善。

④进一步加强和被指导者（学生）家庭、高中学生生涯教育专业服务机构及其他社会有关机构的联络合作。

⑤高中学生生涯教育的具体工作计划与指导方法的改进。

（2）被指导者评价结果的利用

被指导者评价结果的利用，有下列三方面。

①测定职业发展水平，及时发现存在的问题。根据评价的指导思想与具体目的，对结果（数据）进行适当统计后，做出综合性的解释，并在此基础上把握被指导者个人或集体的职业发展动态。同时，对在职业发展上不太理想的被指导者，要考虑具体的援助措施。另外，要及时地把握集体性职业发展水平的评价结果，以利于对不同阶段高中学生生涯教育内容和方式的反省推敲。

②完善高中学生生涯教育工作计划。对被指导者的评价也是对现有教材、教学内容、教育计划的鉴定，可根据被指导者评价结果修改充实工作计划和教学大纲。

③深入加强职业咨询工作的开展。高中学生必须面临个人前途的选择与决定，而高中学生能否独立自主地把握自己的志向，明智地选择并决定自己的毕业去向，能够在被指导者评价中得到反映。评价结果所提示的问题，正是职业咨询工作进一步开展与深入的课题。

二、职业咨询活动

（一）职业咨询活动的意义与特点

职业咨询是以提高个人对自身职业前途的关心程度，加深对自身的理解认识、启发、促进个人职业的选择能力与适应能力为目的的援助活动。

在高中学生生涯教育领域，职业咨询主要侧重于个人在职业上的发展。它通过谈话形式，解决高中学生在职业发展过程中产生的心理上的困惑与现实选择决策中的种种烦恼，是高中学生生涯教育一系列方法技术中具有核心作用的技法。在高中学生生涯教育的实践过程中，职业咨询与我们一般认识中的师生谈话或谈心活动有所不同，它具有如下一些特点。

①职业咨询活动是通过语言手段进行的专门的援助活动。

②职业咨询活动以咨询担当者与咨询客户（学生）时机性的相互作用为基础，也就是说在双方面对面的接触中，双方之间相互依赖关系的质量是职业咨询活动能否朝着目标顺利进行的关键。

③职业咨询活动也是对人在职业生活中出现的各种心理问题的援助，它根据具体问题，或提供情报，或采用心理测定手段，或给以忠告，或帮助分析决策行动的因果等。

④职业咨询活动注意启发咨询客户（学生）对自身的了解，加强对自己行为的责任意识，使咨询结果能成为咨询客户（学生）个人的意志决策行动。

职业咨询活动的担当者需要具备系统的高中学生生涯教育专业知识与技能，一般包括两个方面：一是职场世界及其发展规律的知识；二是一定的临床心理学与职业心理学方面的基础知识。在国外，面向社会或定期到学校进行巡回指导的职业咨询工作者，大都具有从事此项工作的专门资格。在我国，具备中国职业规划师资格的职业咨询工作者，至少要接受10天以上的系统训练，以及半年左右的实践和督导，经考核合格方可取得资格证书。但是，学校内的职业咨询活动，通常由接受高中学生生涯教育专业训练的兼职教师和班主任担任。

（二）职业咨询活动的展开

从担当者与咨询客户（学生）面对面地开始交流，至预期目标的达成为止，为职业咨询的一个阶段。值得一提的是，"咨询过程"不是指咨询活动的时间，而是指咨询的课题是否完成、目标是否实现。下面主要从高中学生生涯教育的角度，介绍校内职业咨询活动的一般方式和步骤。

1. 活动方式

职业咨询活动的方式是多种多样的。就高中学生生涯教育而言，校内职业咨询活动采用的方式与担当者本身的知识水平和能力、学校高中学生生涯教育的组织体制有着密切的关系。常用的具有代表性的职业咨询活动方式有以下几种。

（1）个别咨询或小集体范围的咨询

职业咨询活动最基本的方式首先是担当者与咨询客户（学生）一对一、面对面的个别谈话；其次是担当者面对一定人数的小集体（最好是5~6人）进行谈话。进行集体性职业咨询时，应注意根据集体的特征组织共同的主题内容，还应注意集体性的交流气氛，从中把握每一个成员的状态。由于学生相互之间能产生影响，所以在高一、高二阶段有意识地多组织小集体范围的职业咨询具有一定的积极意义，而在进入三年级的毕业阶段，有计划地进行实质性的个别咨询较为合理妥当。

（2）自发性咨询与指定性咨询

咨询客户（学生）希望获得帮助而主动与担当者（教师）商谈的职业咨询为自发性咨询。担当者从咨询客户的实际情况出发，认为有必要采取个别咨询援助手段，并指定时间、地点的职业咨询为指定性咨询。两者相比较，前者是积极的姿态，咨询双方的相互信赖关系较容易形成；而后者由于个人咨询的动机较差，容易产生抵抗情绪，从而造成咨询谈话困难。但是，如果担当者在开始阶段就重点采取预防措施，并进行点拨启发，指定性咨询也有可能转变为自发性咨询，达到预期的效果。在高中学生生涯教育中，指定性咨询比较多，担当者一般可以采用事先通知的方法，避免学生产生消极反应。

（3）三者咨询

三者是指担当者、咨询客户（学生）、咨询客户的保护人（学生家长）。在三者咨询过程中，担当者起主导作用，可以恰当灵活地把握自己与咨询客户的关系、与咨询客户的保护人的关系，以及咨询客户与其保护人的关系。这一方式常运用于毕业生做最后决定的关键时刻。

2. 基本手段

要想通过职业咨询谈话取得期望的效果，担当者必须要采用一定的咨询手段。在高中学生生涯教育实践中，职业咨询经常使用的手段有如下两种。

（1）心理测验

心理测验如性格测验、能力倾向测验等，根据咨询客户选定合适的量表，可以帮助咨询客户提高自我理解的程度。

（2）提供情报

在职业咨询过程中，提供职业情报主要不是为了丰富与扩展咨询客户有关职业上的知识，而是通过提供情报去促进咨询客户对自己暂定的职业志向选择进行自我推敲，引导咨询客户与担当者交流自己内心的真正想法。

3. 过程步骤

根据咨询客户的希望与动机、应当解决的问题、咨询客户的理解水平以及担当者的个人技术能力，职业咨询的过程步骤有长有短，既可以是只需要15分钟的面谈，也可以是持续半年以上的马拉松式咨询。

通常情况下，职业咨询可以分为如下几个步骤。

第一步，开始及咨询关系的确定。

自发性咨询与指定性咨询开始的方法有所不同，但是无论是何种职业咨询，担当者首先都应当考虑创造一个理想的环境，既能让咨询客户安心自由地表达自己的想法、烦恼，又能集中咨询客户的注意力，使其有容易开口的良好感觉，这是成功的咨询关系确立的开始。

第二步，深化自我理解与把握职业发展的关键问题。

咨询客户大多抱有通过外界的援助解决自己困惑苦恼的愿望，可是一旦真正涉及问题要害时，他们往往表现得很小心或干脆回避。所以在谈话开始后，担当者如何抓住问题的实质就显得十分重要。在职业咨询活动过程中，担当者要放弃对咨询客户的原有印象，避免先入为主的影响，从现场的实际状态出发，通过对话，在帮助咨询客户进行自我理解的同时，双方共同商讨与把握职业发展中的关键问题。

第三步，咨询目标明确化。

有关个人的职业前途问题，常常会涉及各种各样的问题，在这种情况下，通过一次咨询就解决所有问题是不现实的。因此，当把握住关键问题后，必须让咨询客户明确当场能解决的事项与暂时不能解决的事项，并共同确定问题分步解决的方案，确立职业咨询目标。

第四步，探讨解决问题的方针策略。

在一般情况下，由担当者提示适当的问题解决方向与可行的方法，供咨询客户选择。

第五步，选择决定并商讨行动计划。

在咨询客户认可并决定了解决问题的方针策略之时，为了援助咨询客户一步一步朝着自己的目标踏踏实实地行动，担当者应当与咨询客户一起商量行动的计划。

第六步，结束。

结束工作是重要的一环。职业咨询结束的时候，担当者应当重复提示商谈的主要问题，确认咨询客户目前的认识想法与今后准备付诸行动的内容，然后倾听咨询客户的感想。如果这时咨询客户产生不安或混乱的状况，担当者应当理解对方的情绪变化，提议决定下一次职业咨询的机会和时间。此外，不能一次解决问题的情况是常见的，所以可在一周内进行多次职业咨询。

4. 在职业咨询过程中的注意点

担当者在职业咨询的过程中还应注意一些细节。例如，态度自然；始终保持轻松的谈话气氛；使用令人亲切与容易理解的语言；注意双方亲近感的不断深化；尽可能自然地接近问题的实质内容；边认真倾听咨询客户的讲述，边注意观察对方的内心动态；根据场合与时机，可不受技法上的限制，适当插入担当者个人的看法；对当事人的疑问，可提示有关情报资料，并进行适切的解释说明；尽量让当事人认识清楚自己的问题，并由当事人本人来决定解决的方式途径；在咨询过程中要注意对方的心理动向与情绪态度的变化，及时考虑对策，如预约后再咨询等。

（三）在职业咨询过程中咨询率较高的问题

职业咨询的问题一般有以下几个方面：学生本人的情况；就业的决策；升学的决策；就业或升学的途径与手续；学校生活与家庭生活中涉及的职业发展问题等。在这些问题中，咨询率较高的问题主要集中在两点：一是学生自我理解不充分的问题；二是在职业定向选择上，学生和家长意见不一致的问题。

1. 关于学生自我理解不充分的问题

对于自己本身具有怎样的能力倾向不清楚，就意味着自我理解不充分。在一般情况下，如果学生在自我理解不充分的状态下就业或升入高一级学校，不但会发生不适应的情况，同时会对个人将来的生活观念与生活方式造成影响。

在变化激烈的经济社会，人们的价值观呈现出多元化的态势，要非常清楚地了解自己的性格特征，明了自己的前程，已显得越来越困难，尤其是对于高中学生而言。但是，这并不是说高中学生不必去认识自我。从担当者的角度看，首先应从高中学生生涯教育工作本身寻找原因，反省指导过程中个人资料积累是否有欠缺；其次，了解学生理解不充分的程度，帮助其分析理解不充分的自身因素，从学生个性发展与职业前途选择的观点出发，提高学生对自我理解重要性的认识；最后，提供有利于学生本人自我理解的客观资料和适当的职业信息。

2. 关于学生与家长意见不一致的问题

学生与家长意见不一致，在毕业年这一志向决定期，变得特别深刻甚至达到激烈冲突的程度。

其实，在进入毕业年之前，上述矛盾的某些迹象可能已经在学校生活中出现，如在高中学生生涯教育过程中学生回避职业定向现实，学习欲望与生活态度有向下的趋势等。这一问题一旦激化，如果得不到彻底解决，学生即使升入了高一级学校或进入了就业单位，也会陷入挫折，如退学或调换工作甚至失业。所以，尽可能早地解决这一矛盾十分重要。

面对学生与家长意见不一致的矛盾，在职业咨询的时候，可以考虑以下问题。

（1）高中学生生涯教育方面的问题

主要表现为：对学生家庭方面的信息与资料了解不够，积累不足；学校与家长的协作联络不充分。

（2）学生自身方面的问题

主要表现为：自我理解欠缺；对高一级学校或就业单位的认识欠缺；个人的目的意识欠缺。

(3) 家长方面的问题

主要表现为：对自己子女的能力评价过高或过低；对高一级教育机构或就业的状况了解不足；有虚荣心与偏见，或者对子女的前途不关心。

解决这一矛盾的关键是，在分析明确问题原因之后，调整与统一学生和家长双方对现实与将来的认识和期望。担当者提供正确的职业信息与有关学生个人的客观资料，将对学生家长与学生起到很大的影响作用。需要强调的是，最终的职业志向选择，还是应当让学生本人决定。

三、职业生活的实际体验

（一）职业生活实际体验的意义

职业生活的实际体验主要指通过各种途径、形式直接感受职业生活的探索活动。让学生亲身体验与了解职业生活的现实，从而反省、推敲自己将来所希望的生活方式，并提高个人对职业生活必备的知识、技能、价值观等在现实意义上的认识。

高中学生生涯教育活动中的实际体验是有目的、有组织、有计划的活动，也是整个高中学生生涯教育工作的一个有机组成部分。

（二）职业生活实际体验的机会

人的生活离不开与各种职业的联系，在成长的过程中，人们多多少少已经接触了各种各样的有关职业生活的场面。这些与个人生活有关联的职业场面，与学校生活、家庭生活的场面交织在一起，反映在个人的职业意识中。

日本国立爱知教育大学的竹内登规夫教授曾对青少年在社区、家庭等取得的职业体验的程度，与青年职业意识与志向的关系进行了调查，并对获得的数据进行了多元次的分析。研究结果表明，两者之间有相当大的关联。

不仅如此，许多学者认为，对个人而言，最有代表性的职业生活经验，是自身通过实际劳动体验后产生的。例如，在家庭生活中，帮助家长干家务（做饭、洗衣、缝纫、照顾病人或老人、家庭水电的保全修理、木工、植物栽培等），利用假期休息日参加义务劳动、义务服务或者在社会上打工（打工将涉及社会更广阔的职业领域）等，都是重要的职业体验机会。

当然，通过日常生活所感受的职业体验，大多是自然的、无意识的，这是和高中学生生涯教育的职业体验活动有区别的。

高中学生生涯教育的职业实际体验，是有计划、有准备、有具体目标的，会根据不同的年龄对象，设计不同的体验内容与计划；根据不同的活动形式与内容，达成不同的目标。高中学生生涯教育职业生活实际体验的具体目标为：帮助个人感受与理解职业生活的实际状况；帮助个人感性地理解自己职业志向的适合性（即能力、性格、体力、兴趣等）；帮助个人反省自己的职业志向，以及与志向相关的具体知识技能；在一定程度上帮助个人认识其在社会中的作用和形象。

高中学生生涯教育职业实际体验的内容大致有如下方面：

①自我人生（包括个人的生活方式）的实际体验探索；

②劳动经验的实际体验探索；

③职业社会或高一级学校的实际体验探索；

④与个人将来具体志向职业（学校）相关联的实际体验探索；

⑤有关本地区自然、社会环境的调查探索等。

（三）职业实际体验指导案例

1. 对高一级学校的实际体验案例

（1）对象

高中学生。

（2）实施时间

高二下学期。

（3）主题

大学生的一天（高中学生）。

（4）目标

通过相关资料对高一级学校进行了解是不充分的，只有通过实际的体验，才能实际感受高一级学校与现在的学校之间的区别差异。高一级学校有不同的类型，有各自的教育水平、风格、办学特点、招生要求等，通过实际体验，学生可以进一步对自己与志向学校间的相符程度进行反省斟酌，提高个人的独立选择能力；在提高个人志向意识的同时，联系自己现在的生活与学习态度，进一步明确今后的努力方向。

（5）活动准备

通过调查，整理出学生升学志愿中较集中的具有一定代表性的学校，将其确定为访问体验的对象；安排体验活动的内容，制订具体计划，并与体验学校进行工作联络；制作调查访问项目表（根据体验内容）；制作个人体验报告书。

（6）活动过程

到体验学校集合；听取体验学校的概况介绍与说明；参观校园与代表性的设施；体验学校生活（与在校学生一起上课、进行课外活动等）；开展访问座谈活动（对象主要为在体验学校学习的本校毕业生）；小结。

（7）体验报告发表会（以班级或小组为单位）

把在高一级学校的体验过程与个人的体会整理成文字，然后在班级或小组中发表。

2. 对职业的实际体验案例（以医疗职业为例）

（1）对象

对医疗职业（医生、护士、医疗技师等）有兴趣的在校青年或社会青年。

（2）主题

医务工作者的一天。

（3）目标

对医疗工作者的形象有进一步感性理解；强化与提高对劳动意义的认识。

（4）活动准备

确定参加人员，对参加者进行有关医疗职业意识的调查，并在此基础上按各人的志愿与医院的职务分成若干个小组（每个小组最好6~8人）；联系并确定体验医院以及实际体验的内容、日程安排等具体工作；制作体验感受报告书等。

（5）活动过程

按医院职工上班的时间到体验医院集合；更换与体验职务近似的业务服装，胸前佩戴见习体验生的标志（30分钟）；教育学习，听取体验医院的概况介绍，了解医院各项业务作用，并参观医院的主要设施（1小时30分钟）；按职务分组进行实际职业体验（5个小时，包括1个小时的休息与各组的个别访问）；小结（30分钟）。

（6）整理与交流

整理个人体验报告，并组织交流会。

四、升学或就业指导

从20世纪90年代初开始，随着我国经济的高速发展，产业结构的变动，职业社会发生了变革，职种门类的增加、细化与职种内容的更新充实，迫使教育为了适应经济社会的发展，不得不加快改革的步伐。近年来，我国高中学生的毕业去向呈现出日益开阔的局面。在这样的前提下，升学或就业指导因涉及每个高中学生的前途利益，其实际作用与现实意义进一步受到重视。

然而，也有不少人认为升学或就业指导就是高中学生生涯教育，这其实是一种误解。因为升学或就业指导的目标是有限定的，即指导高中学生根据自己的志向条件与社会的需要，选择自身毕业后的具体方向，它是整个高中学生生涯教育活动过程中的一个环节，不能代表高中学生生涯教育的本质。

在面临职业选择决策之际，学生参考了哪些因素，参考的程度如何，这是指导者不得不正视的现实问题。

因此，高中学生升学或就业的指导者，应当经常留心调查并了解种种现实的因素。

（一）学生面临的现实因素与指导

1. 关于升学

随着国家教育水平的提高，学生升学的目的和理由发生变化，家长成了升学的促进力量，尤其是当今的家长对子女教育程度的要求越来越高，竞争越来越激烈，不少成年人只希望子女上重点学校，进名牌大学，学历主义的倾向依然十分严重。

然而，升学或就业指导不能单纯地指挥学生考学校，对于升学者个人来说，需要解决两个重要的问题：一是升学目标、升学种类与学科，同个人将来志向从事的职业是怎样的一种联系；二是个人的升学目标与自身的学习能力、能力倾向是否一致。因此，指导者除了按高中学生生涯教育的一系列活动和计划对学生进行升学指导，为了求得家长的协助配合，还必须花一定的精力做家长的工作。指导者可以召开家长会或与家长个别面谈，向升学对象的家长充分说明一些重要的问题，如升学指导的方针、学校的概要（各类学校的特点、要求以及毕业后的大致去向等）、选报学校的方法与注意点、升学考试的各种准备，有关升学报考过程中可能出现的问题与对策等。

高中毕业后升学的种类与范围十分宽广，在地域上也可跨越其他省市，甚至国家。即使是同一区域的大学，或是相同的学科专业，因学校及学科的教学方针有异，主管部门有异（以大学为例，有国家重点大学、部属重点大学、地方大学、民办或私立大学等），在出路上也会相差甚远。同时，升学者的目的也各不相同。因此，高中毕业生的升学选择实际上较为复杂。其存在的主要问题为：一是个人不根据自己的志向决定，而是求稳，选择保险系数高的学校；二是个人不根据自己的实际情况，志向偏执。

对此，指导者在反省升学的目的、推敲个人志向的大前提下，还要与学生进行反复、周密的讨论商谈（咨询），对学生家庭的期望要有较为透彻的了解。高中升学指导工作的日程，一般与初中升高中大致相同。

2. 关于就业

一般来说，青年人对就业可能同时存在着两种完全相反的心理情绪：一方面希望自己快点自立；另一方面不太想承担工作责任，具有惰性心态。这两种情绪往往会因时期、场合发生变化出现在同一个人身上。

对于毕业后想就业的学生，因为社会存在的种种现实，对职业也会有各种情绪和心境。总体而言，能将其划分为两种态度完全相反的类型：一类是想早日参与社会，早日从事对社会有利的工作；另一类是由于个人与家庭等方面的原因，在没有办法的情况下选择就业。显然，前者是积极向上的，后者则是消极无奈的。

除了就业动机的差异之外，就业目的、希望的职种、希望就业的区域等也是各种各样的。

对于具被动性就业志向的青年（缺乏积极性的人），在指导过程中可以适当帮助他分析原因，明确工作的目的，明确个人（指对象）今后进入的是怎样的职业生活。具体指导要点有：帮助其分析个人的目的意识——为什么要工作；帮助其理解现在的学力、体力、能力倾向、兴趣等的实际状况；帮助其推敲个人的志向职业，以及希望就业的地区；比较分析其个人志向职业的工作内容、劳动条件、气氛环境、人际关系、将来的发展等；帮助其认识职业生活是人生学习的继续，边工作边学习对人生进步的重大意义，以及边工作边进修的机会与条件。

从外部动态即就业的环境方面看，社会的变动因素（如经济形势、产业结构、职业结构、就业结构、劳动力供需形势、劳动人事制度、教育制度、教育构造、升学考试制度等）与就业的可能性、成功率是成正比的。目前，我国学校毕业青年的就业途径主要有：学校介绍推荐与企事业单位到学校招聘相结合的方式；社会职业介绍机构或人才交流市场的中介、招聘；企事业单位通过新闻媒介等方式公开招聘；依靠亲友介绍；农村青年自谋生计，开拓创业。

对此，指导者不但应该对有关内容做到心中有数，而且应当帮助学生交涉斡旋。

（二）指导者容易出现的问题

在实际指导过程中，对于指导者容易出现的问题，指导者应有所了解与准备。只有有了一定的问题意识，在实践时才可能较从容地处置发生的各种情况。目前，从国外的文献资料和国内积累的经验中可以发现，比较容易陷入误导的主要倾向有以下若干方面。

①在高一、高二时放松对学生升学与就业的指导，将重心放在毕业学年。

②在现实的指导援助中，往往容易偏重于学生的学习成绩等学习能力方面的资料，而忽视个人职业的适合性与将来的发展性。

③在学生尚未正确理解升学或就业选择决策的意义时，就先把做出决策作为手段。

④不深入了解学生的能力倾向、潜力，轻易地根据现状去指导。

⑤不重视学生本人的意愿，而为家长或教师的看法所左右。

那么，以上这些问题发生的原因是什么，作为高中学生生涯教育工作者该如何应对以上问题，我们不妨探究一二，以提高指导者自身的职业意识。

第一个问题的原因主要是高中学生生涯教育体制尚未有效地发挥其自身的机能。虽然高中学生生涯教育组织体制在形式方面已基本完善，但在实施过程中，因受学校工作其他条件因素的限制，尤其是在以班主任为基本高中学生生涯教育力量的学校，较容易出现这样的倾向。所以，除了应注意自上而下地保证高中学生生涯教育的教学计划能按学年进度落实之外，教师之间的协作关系也应充分引起学校领导的重视。

第二、第三、第四个问题出现的原因是许多人常常把高中学生生涯教育误解成升学或就业指导，这其中也包括了相当一部分基层指导教师，他们往往无意识地把升学或就业指导作为高中学生生涯教育活动中最优先的工作，认为这是在抓实事。然而正是由于指导者没有从职业规划与生涯教育的本质上去认识自己的工作，所以才会在升学或就业决定期不重视学生在选择中的目的意识（即为什么要做此选择），不重视或忽略人的能力倾向与发展潜能，偏重于把学习成绩作为主要选择依据。这种现象很可能导致学生到了新的环境，因不适应而引发种种问题。对此，一是要注意升学与就业指导的目的和意义；二是要注意全面整理个人资料，不能只把目光放在毕业后新的"入口"，还要考虑预测"入口"之后的"出路"问题。

指导者在指导中还经常会遇到这样的情况，学生（或家长）对指导教师说："老师，只要您提个意见，我（或孩子）的毕业去向就这样决定了！"或者说："老师，您帮我（或孩子）选定一下，看看哪个合适？"此类现象，是第五个问题产生的原因。一方面，指导者并不能对每个学生的前途都做出准确无误的判断；另一方面，指导者也可能站在利己保守的立场提出建议，迁就家长的意见，无视学生的心愿。所以，指导者应加强个人关于职业规划与生涯教育知识的学习进修并提高自身修养，积极地进行实践经验的积累，丰富自己的见识，扩大自己的视野。

总之，指导者应把握以下几项原则：

①确实掌握学生的志向目的。

②细致分析并把握学生的个性、能力倾向等。

③将升学志愿与个人将来的职业期望结合起来考虑，不仅要将着眼点放在志愿学校是否合适，更重要的是考虑志愿学校与学生的职业志向是否合适。

④不能只从经济等方面的因素出发,还要引导学生思考就业岗位与自我人生价值实现的关系。

⑤提供客观、正确的升学或就业情报,尽可能不加入指导者个人的评价。

⑥尊重学生家庭的意见,但最终的决定应当由学生自己做出。

五、升学或就业后的跟踪指导

(一)跟踪指导的目的与意义

从高中学生的心理特征来看,当跨过一道升学或就业的人生交叉路口之后,在短时间内,个人心理上的期待与不安依然交织在一起,持续影响着新的生活。因此,有必要开展升学或就业后的跟踪指导。

跟踪指导指为了使学生在毕业后的一段时间里尽快适应新的生活环境而在短时期内进行的指导援助活动。

此外,跟踪指导的作用还表现在其他一些方面。例如,跟踪指导的调查结果,可以成为客观评价高中学生生涯教育的依据,有利于高中学生生涯教育的改进;跟踪指导的内容,可以作为今后对本校学生进行生涯教育的资料。

(二)跟踪指导的方法与内容

1. 方法

一般来说,跟踪指导主要采用四种方法,分别是走访法、邀请法、书面调查法、电话问询法。这四种方法各有特色与欠缺。

(1)走访法

走访法是指高中学生生涯教育教师直接访问本校毕业生所在学校或就业工作单位,听取毕业生在学校或工作单位的情况,并与有关人员交流意见和情报;另外,还可根据实际情况,当场进行集体或个别咨询。

走访法的优点是能直接观察毕业生在新环境中的生活情况;能与毕业生面对面地交流,并且及时进行指导。走访法的缺点是费力、费时、费钱;有的学校与企事业单位并不欢迎上门访问。

采用走访法,事先的准备、联络以及组织计划十分重要。

（2）邀请法

邀请法是将上一届毕业生按一定的地区召集在一起，进行跟踪指导。该方法虽然能避免走访法的短处，但也存在一些问题。例如，因毕业生在不同的学校与工作单位，邀请日期、时间的选定比较困难；无法要求全体毕业生都到齐；无法亲自了解毕业生工作或学习环境的实际情况。

（3）书面调查法

书面调查法是采用书面提问（有调查问卷、通信等形式）进行跟踪指导的方法。其优点是能以全体毕业生为对象；与走访法、邀请法相比，省时省力；数据统计比较规范完整，能较全面地掌握全体毕业生的动态。其缺点是不能对毕业生中存在的个别问题进行及时有效的处理。此外，与邀请法相同，书面调查法不能了解实际情况。总的来说，书面调查法在国外跟踪指导过程中运用得最多，较为普及。

（4）电话问询法

电话问询法即利用电话进行跟踪指导。该方法的优点是能一对一地进行具体的对话；可当场进行指导。该方法的缺点是需要花费一定数额的电话费用与一定的时间。

2. 内容

跟踪指导需要了解的内容主要有以下几项。

①对自己毕业时的选择是否正确做出判断评价。

②对现在的学校生活或者工作岗位是否感到满足。

③要求对第②项回答"有一些不满"或"不满"的毕业生，从以下几项内容中选出感到不满的项目：友人关系（同事关系）；学校校风或单位环境；学校教师或单位领导；学习方面（内容、方法等）；工作方面（内容、条件等）；业余生活；其他。

④对影响自己做出决策的主要因素做出一定程度上的判断。

⑤已就业的校友，对自己今后的工作去向抱有怎样的想法。

⑥在高一级学校学习的校友，对自己今后的去向抱有怎样的想法。

⑦作为校友，对目前在母校学习的学生，有哪些经验介绍与忠告？

第三节　开展特色的主题活动

　　学生的学习是一个复杂的过程，既需要静态的知识传递，又需要动态的体验和经历。近年来，随着新课程改革的深入，如何提升课程与教学的活动属性、实践属性成为改革的关注热点。在这一过程中，基于活动理论的活动课程建设颇受重视。活动理论是针对探究性活动发生条件、过程及结果的系统性研究成果，主要探讨活动主体所处共同体中的复杂性和动态性问题，现已广泛进入教育领域。从活动理论的视角看，有意识的学习和活动是相互作用和相互依存的，即学习应注重学习过程中对象与动机的协商与转换，注重中介制品对于应用情境的依赖性，注重活动对学习的作用等。从活动方式的视角出发，在教育的过程中应该通过有效的活动设计加深学生的学习体验，丰富学生的学习经历，特别是对于高中学生生涯教育之类没有固定课程标准的特殊课程，更需要加强实施方式的灵活性，其重要思路就是开展特色鲜明的主题活动。基于这样的认识，在进行高中学生生涯教育的同时，还要注重通过多样化的主题活动，让学生在自主探究和亲身体验中感悟生涯的魅力，学会生涯的选择，同时切实提升学生的综合能力与素养。❶

一、校内特色活动

（一）访谈与职业调查

　　访谈是通过与一定数量的职场人士（通常是自己感兴趣的职业从业者）会谈而获取关于一个行业、职业和单位信息的一种职业探索活动。通过访谈，可以了解该职业岗位的实际工作情况，获取相关职业领域的信息，进而判断自己是否真的对该工作感兴趣。访谈实际上是一次间接、快速的职业体验，访谈报告见表6-1。

　　职业调查活动，是学生们调查职业的主要工作内容、自己亲赴职业工作地点的所见所闻，以及各职业对人员的要求、从事该职业所需专业等，以此丰富学

---

❶ 李世秀. 新高考改革背景下高中语文职业生涯教育开展对策[J]. 今天, 2022（7）：61-62.

生的课余生活，拓展视野，为学生日后走出学校、走向社会的职业选择做参考。

表6-1 访谈报告

他是怎样选择自己的职业的？他做了哪些准备？
典型的工作日是什么样子的？
工作中的哪些内容是他喜欢的，哪些内容是他不喜欢的？为什么？
这个行业的底薪和平均薪酬大约是多少？他是否满意？
他的工作条件如何？包括时间、环境、着装等。
他认为这个职业的发展前景如何？
你的访谈心得。

（二）心理健康月活动

心理健康月活动主要围绕心理健康教育的相关主题，开展各类心理健康教育活动，传播心理健康教育理念与知识，提升学生对自身、他人心理健康的觉察与关怀，促进大中小学心理健康教育的系统衔接和共同发展。心理健康月活动的主要活动形式见表6-2。

表6-2 心理健康月主要活动形式

主要活动形式	具体活动
小团体辅导	学生领导力的培养
表达性艺术治疗	生涯不确定性问题的解决
心理微视频	生涯TED演讲
心理剧	生涯主题剧目

（三）大型专题活动

学校每年应组织各种大型专题活动，如"读书节"活动能帮助学生培养人文底蕴，"科创节"活动能帮助学生培养科学匠人精神，"世承体艺节"活动能关注学生的身心健康。这些大型专题活动可以帮助学生发现自己的特点，展示自己的特长。

二、各类社团活动

社团是由具有相同兴趣爱好的人组成的组织。按照1998年国务院发布的《社会团体登记管理条例》的规定，社会团体是指中国公民自愿组成，为实现会员共同意愿，按照其章程开展活动的非营利性社会组织，如行业协会、专业学术协会、基金会等。社团的成立、变更或注销登记必须经政府主管部门审批同意并接受其监督指导。

与一般的社会社团不同，学生社团由学生组成，是学生自愿组成，为实现成员的共同愿望，按照其章程开展活动的非营利性群众组织。这是学生通过自主选择、自主组合组建的社团，由社团成员共同推选社长、聘请指导教师、制订活动目标和内容。学校可以把社团活动作为学生创新实践的舞台，通过营造自主、探究、创新、高尚的社团文化，将学生的自我体验、自我管理和自主发展紧紧结合在一起。

相对于社会上的社团，学生社团由于有特定的对象成员和特定的活动范围，不一定受制于《社会团体登记管理条例》。它的成立手续比较简单，既不听从某种组织安排，也不需要到政府部门申请，只要到学校相关部门登记备案即可。同样，学生社团组织开展活动也相对自由，体现出自主、多样、动态、开放的特点，能够为学生的全面成长提供帮助。

根据调查，近年来高中学生参与学校社团活动的积极性在不断提高，学校之中社团组织的类型也越来越丰富。因此，如何有效利用社团组织做好高中学生生涯教育工作，是一个极为现实且富有价值的命题。

从高中学生生涯教育的视角看，社团活动与高中学生生涯教育有着重要的内在契合，依托社团活动可以有效开展高中学生生涯教育。社团活动能帮助学生树立职业理想，社团活动的多样性和丰富性，可以让学生在选择加入社团的过程中就开始树立目标导向，明确自己想要什么，而高中学生生涯教育的首要目标就是使学生明确职业理想，对自己的未来人生发展进行总体定位。高中学生因为年龄、阅历的局限性，对职业理想还缺乏深刻的理解，而对社团的选择将成为明确职业理解的第一步。社团把课内与课外、学习与生活，学知识、学做事、学做人有机统一起来，为有特长的学生提供了交流和展现自我的平台，有助于学生更加清晰地了解自己的兴趣爱好和性格特点等。学生可借助社团活动进行有效的自我评估，立足实际，有意识地培养和提高自己在某一领域的能力。

基于这样的认识，学校在开展高中学生生涯教育的过程中，要注重发挥社团的作用，让学生在丰富的社团活动中体会高中学生生涯教育的价值，历练高中学生生涯教育的素养。例如，心理社团可在教师的指导下，自主讨论研究、精心策划心理健康教育特色活动，如"校园心理定向解谜""追梦之旅""寻找人类本心""拯救行动""人格世界——梦境的救赎"等活动。在这些活动中，学生不仅需要团结合作，还需要学会人际交流、理性判断和正确选择，甚至涉及一些合作创造与联想思维的内容，这些实际上都是高中学生生涯教育的内在要素。

三、社会实践活动

社会实践活动以培养学生的综合实践能力和创新精神，增强学生的社会责任感为己任。随着时代的发展，社会实践活动在我国高中学生生涯教育中的重要性不断提升，其多元的育人价值也不断得到拓展。《国家中长期教育改革和发展规划纲要（2010—2020年）》指出，要"建立学生发展指导制度，加强对学生的理想、心理、学业等多方面指导"，并明确提出要通过多种途径对学生进行生涯指导。因此，本书着手研究如何将高中学生生涯教育与社会实践活动有机整合，探求高中学生生涯发展教育视角下社会实践活动设计策略，以期提升高中学生生涯教育的效益。

（一）社会实践活动设计的前提：反思问题，确立主旨

高中学生生涯教育视角下的社会实践活动是指采用参观、考察、调查、志愿者服务等实践活动或研究活动的方式进入现场、强化互动的高中学生生涯教

育系列活动。

考察多所高中的社会实践活动,可以发现当前的社会实践活动存在以下问题。

1. 社会实践活动目标定位局限于职业规划

职业规划是高中学生生涯教育的重要内容之一,但并不是全部。如果把社会实践活动仅仅定位于职业规划,忽视对学生生涯发展的意识、情感和能力的培养,忽视鼓励学生树立理想、投身工作、为融入社会做好能力储备的话,社会实践活动就不能取得理想的效果。

2. 社会实践活动内容设置局限于认识外部世界

高中学生生涯教育的内容主要包括四个方面:认识自我、认知外部世界、认知外部世界与自我的连接、选择与规划。如果将社会实践活动的内容仅仅聚焦于关注、了解不同行业的特点,关注、了解高校信息,关注、了解热门工作的信息等,而忽视学生由亲历活动而萌发的自我认知,以及外部世界与自我的连接,会导致学生因缺乏社会实践活动的指引而难以形成生涯发展的思维方式、行动能力和发展策略。

3. 社会实践活动主题排布缺乏整体性和序列性

高中学生生涯教育是一项系统工程,应该分层次、分阶段、循序渐进地进行,与之相配合的社会实践活动亦然。但是,一些学校的社会实践活动出现了"快餐式""扑火式"和"搬家式"的碎片化倾向。"快餐式"即有些学校将一些传统的社会实践活动,如学军、学农、学工活动,视为德育行政部门的命令,毫不加工地"喂"给学生,使学生无法在这些活动中获得应有的成长帮助。"扑火式"即有些学校将社会实践活动,如志愿者服务活动,视为学生应试教育的一个组成部分,简单地"塞"给学生,造成学生在参与这些活动时草草了事,只求获得规定的学分。"搬家式"即有些学校将一些"名校"的社会实践活动,直接"拷"给学生,使社会实践活动流于表面形式,无法满足学生多层次、差异性的发展需求。

笔者通过分析各种案例,确立了高中学生生涯教育中社会实践活动设计的主旨:厘清高中学生生涯教育在社会实践活动中的价值意义,将社会实践活动与生涯体验相连接,定位社会实践活动总目标;形成覆盖高一、高二、高三三个年级的实践活动体系（见表6-3至表6-5）。

表6-3　高一年级社会实践活动课程列表

时间	活动名称	参与对象	活动简述	生涯教育切入点举例	备注
新生报到	跟随父母工作一天	高一试点班	通过跟随父母工作一天，体验父母的工作情况	认知职业、体验父母的职业角色	作为新生暑期作业
军训期间	我是"谁"——认识我自己	高一年级	通过心理测评，科学全面地认识自身性格、兴趣、特征等	认识自己、悦纳自己	与学生多元智能心理测评相结合
军训期间	我的理想与目标——名校之旅	高一试点班	通过大学游学，初步了解大学和专业，确立近期学习目标	认知未来，建立自己与未来的关联	上海交通大学、华东师范大学游学
11—12月	我独立·我坚强——独立生活一周	高一年级	学习独立生活	提升生涯发展能力，初步培养自主发展人格	与军训活动相结合

表6-4　高二年级社会实践活动课程列表

时间	活动名称	参与对象	活动简述	生涯教育切入点举例	备注
高一升高二暑假	成长的轨迹——采访一位校友	学生自愿参加	通过探究校友成长故事，思考自己的人生发展	借鉴他人人生经验，提升生涯发展意识和能力	与"华光论坛"活动相结合
高一升高二暑假	多彩的职业——探秘一门职业	高二试点班级	通过探究感兴趣的职业，确立职业目标	认知外部世界，建立自己与外部世界的关联	与暑期社会志愿者服务活动相结合
高二生涯课	阅读·看见外面的世界	高二年级	通过广泛阅读，深入理解外部世界	认知外部世界，建立自己与外部世界的关联	与"经典导读"活动结合

续 表

时间	活动名称	参与对象	活动简述	生涯教育切入点举例	备注
4月	我坚强·我成功——体验成功	高二年级	通过在学农期间做一件成功的事情,提升与外部世界交往的能力,并树立自信	成功建立自己与外部世界的关联,提升生涯发展的能力,培养自主发展人格	与学农活动相结合
高二升高三暑假	我志愿·我坚持——志愿者服务活动汇报展示	高二年级	通过分享志愿服务故事,提升与外部世界交往的能力,并树立自信	成功建立自己与外部世界的关联,提升生涯发展的能力,培养自主发展人格	与暑期返校活动相结合

表6-5 高三年级社会实践活动课程列表

时间	活动名称	参与对象	活动简述	生涯教育切入点举例	备注
4—6月	高中3年成就了怎样的"我"——应对发展性的变化和改变	高三年级	通过综合评价内容的录入,回顾和反思自己3年成长历程,思考未来发展	深入的自我认知,提升反思的能力	与综合评价录入工作相结合
6月	我要成为怎样的自己——18岁写给未来的一封信	高三年级	通过18岁成人仪式活动,明晰自身发展方向以及应付出的努力	做出合适的生涯决策,提升生涯发展能力,培养自主发展人格	与18岁成人仪式相结合
7月	我的未来我把握——高三志愿填报	高三年级	通过志愿填报活动,自主规划未来发展	做出合适的生涯决策,提升生涯发展能力,培养自主发展人格	与志愿填报活动相结合

(二)社会实践活动设计的核心:精准连接,凸显定位

社会实践活动要想承担起高中学生生涯教育的重任,需精准定位社会实践

活动与高中学生生涯教育的连接点,这主要体现在三方面。

第一,社会实践活动的重点是找到自己、做自己。高中阶段是认识自我的主要时期,是生涯规划形成的关键时期。因此社会实践活动应重点帮助学生探索"我是谁?""我想成为怎样的自己?""我要做什么?"等问题。

第二,社会实践活动的重点是开拓无限的可能性,而不是定位。高中学生生涯教育的过程必然是学生内在的自我觉察力与外在的行动力合力推动的过程。学生在社会实践活动中觉察到自己的优势并能运用优势,才会在某个领域、专业或职业中体会到自我效能感,才会对未来产生期待。所以,社会实践活动的重点不仅要帮助学生认识自我、认识自身的优势,还要帮助学生在活动体验中觉察并强化自我认知,在提升自我效能感的同时,看到自己未来的可能性,从而适应和主动应对变化万千的世界。

第三,社会实践活动的重点是思维培养和人格养成。高考制度改革的最大亮点是把选择权还给学生,让学生自主规划自己的人生发展。所以,社会实践活动要重点培养学生的选择能力和适应能力,进而形成自主发展的人格。能力的培养和人格的塑造是在社会实践活动中完成的,因此社会实践活动要关注学生系统性思维的养成,使学生能纵观整体,认识到各种因素间的相互影响,理解事物背后复杂的因果关系,把控事物发展的趋势,进而寻找动态的平衡。这是一种思维方式,也是一种能力,更是学生生涯发展的关键点。

据此,本书将社会实践活动定位为:以体验为导向的生涯认知实践活动,关注学生生涯发展意识的萌发;以实践为主体的生涯探究实践活动,关注学生生涯能力的培养;以活动为中心的生涯决策实践活动,关注学生自主发展人格的培育。

(三)社会实践活动设计的关键:系统思维,整体架构

基于社会实践活动的定位,着手设计一个与定位、不同学段学生需求以及学校资源相匹配的社会实践活动体系,主要关注以下几个方面。

1. 注重活动的对标性

学生生涯发展可以分为三个维度,即生涯发展意识、生涯发展能力和自主

第六章 我国高中学生生涯教育的实施路径

发展人格。据此进行归纳梳理后,可将社会实践活动整合为三类,即生涯认知实践活动、生涯探索实践活动和生涯决策实践活动,并将每一类实践活动与学生生涯发展维度对标(具体见表6-6)。

表6-6 社会实践活动与学生生涯发展维度对标

年级	生涯发展实践活动	生涯发展意识	生涯发展能力	自主发展人格
高一年级	生涯认知实践活动:跟随父母工作一天	√		
	生涯认知实践活动:我是"谁"——认识自己	√		
	生涯探究实践活动:我独立·我坚强——独立生活一周	√	√	
高二年级	生涯认知实践活动:探寻一位校友成长轨迹	√	√	
	生涯探究实践活动:探秘一门职业	√		
	生涯决策实践活动:我志愿·我坚持——中共四大纪念馆志愿者服务	√		√
	生涯决策实践活动:我的地盘我做主——做一件"成功"的事情			
高三年级	生涯认知实践活动:大学之旅——探索目标学校与专业			
	生涯探究实践活动:我要成为怎样的自己	√	√	
	生涯决策实践活动:应对发展性的变化和改变	√	√	√
	生涯决策实践活动:我的未来我把握	√	√	

2. 注重活动的层次性

社会实践活动应注重层次性。比如,高一年级的社会实践活动应更关注学生生涯发展意识的萌发,高二年级的社会实践活动应更关注学生生涯发展能力的培养,而高三年级的社会实践活动应更关注学生进行生涯发展的决策,并形成自主发展的人格。同时,在活动内容方面也应凸显层次性。比如,将"跟随父母工作一天"的生涯认知实践活动放在高一年级,旨在让学生在活动体验中萌发生涯发展的意识;将"探寻一位校友成长轨迹"的活动放在高二年级,要求学生以研究性学习的方式来完成这一活动,不仅可以帮助学生萌发生涯发展的意识,而且可以帮助学生在采访中学习如何借鉴成功人士的经验来提高自身的生涯发展能力;将"大学之旅——探索目标学校与专业"的活动放在高三年级,既符合学生的实际学习情况,又可以帮助学生通过走进大学,了解大学专业和大学生活,理性思考,做出合理的生涯决策。

3. 注重活动的系统化思维

社会实践活动设计更多地聚焦于系统化思维方式的形成上。比如,在生涯决策类实践活动"我志愿·我坚持"活动中,以往学生在志愿者岗位的选择上单纯考虑"自己的兴趣""地点的远近""时间合适""工作轻松"等因素,因而志愿服务活动未能有效地使学生走入社会。为此,需要对志愿服务活动重新进行设计。在进行志愿服务的前期,可以让学生了解霍兰德、舒伯等生涯发展理论,并做一些如职业倾向测试等专业的职业评估,并在网上事先发布每个志愿者岗位的工作重点和组织安排,安排专门的课时和教师供学生在选择之前进行充分的讨论和咨询。在此基础上,学生可以按照自己的兴趣特长、发展条件和志愿梦想以及志愿者岗位的情况,选择从事何种志愿者服务。这样做旨在帮助学生系统化地思考自己的社会实践活动,有的放矢地进行志愿服务,从而为正确认识自己、认识社会,选择自己未来职业发展方向做好铺垫。志愿者服务岗位征询单见表6-7。

表6-7 志愿者服务岗位征询单

姓名:	班级:
我的兴趣特长(可结合测评结果填写)	
我的志愿梦想(也可以是未来发展的梦想)	
我的发展条件	
志愿服务岗位的概况	
我和同伴讨论后的想法	
我和教师讨论后的想法	
我和家长讨论后的想法	
其他	

4. 注重活动的可评估性

在设计活动之初,可将要求教师关注活动评价,挖掘评价的目标导向,让评价起到应有的作用。例如,在生涯探究实践活动"我是'谁'——认识自己"的活动设计之初，制定了表6-8所示的评估指标。

表6-8 生涯探究实践活动"我是'谁'——认识自己"评估指标

评价指标	评价等级		
	效果很好	效果一般	未达要求
活动能否促使学生反思自己在需求、性格、兴趣、能力等方面的倾向			
活动能否帮助学生认识自己的优势和不足，在悦纳自己的基础上，扬长避短			
活动能否协助学生将自我的特点与未来发展相连接，并做出相应的发展规划			

（四）社会实践活动设计的重点：挖掘特色，打造精品

志愿服务活动是社会实践活动中的重要活动，可每月组织志愿者服务队到各个纪念馆、博物馆、科技馆以及活动中心等地进行讲解，逐步将学生志愿者服务活动打造为一项精品社会实践活动。

四、主题班会活动

（一）"自我认知"主题班会的开展

正确认知自我是获得有意义学习和生活的第一步，也是开展高中学生生涯教育主题班会的首要环节。"自我认知"主题班会主要围绕着帮助学生加深对自身的认识、提升学生的人际交往能力两个方面展开。笔者在此选择了"兴趣是最好的老师"为主题来开展高中学生生涯教育主题班会活动。

1. 目标

"兴趣是最好的老师"主题班会的目标是使学生认识自己的兴趣，理解兴趣的含义和价值，学会处理兴趣和学习的矛盾冲突；通过列举生活实例，使学生了解一些人的兴趣可能与未来的从业方向有着密切的联系。

2. 准备

搜集与兴趣相关的身边人的真实事例；剪辑视频；制作PPT课件。

3. 过程

（1）谈话导入

教师提出问题，请学生谈谈自己对兴趣的理解，以谈话的形式，了解学生对兴趣的真实看法。

（2）兴趣话题的展开与深入

①谈个人兴趣。由学生谈自己的兴趣是什么、兴趣的来源、兴趣为自己带来了哪些改变以及多久从事一次与兴趣相关的活动等。分享在课间及手臂受伤时都会坚持做奥数题的同学的事迹，为学生选择兴趣注入积极的力量。通过让学生自己谈自己的兴趣，可以扩充学生对兴趣的理解，使学生明白兴趣不仅包括运动、阅读、写作，付出脑力劳动的活动也属于兴趣的范畴。兴趣并不是短期内从事的活动，而是需要长期坚持的一项活动。

②讨论兴趣与学习发生矛盾时的解决方案。由学生分享自己的兴趣受到家长阻挠的经历，并在小组内讨论解决方案。由学生自己商议的解决方案更有说服力，同时也能提升学生解决问题的能力。

③了解兴趣与职业的关系。观看《哪吒之魔童降世》电影片段，引出该影片导演从稳定的医生工作转向动漫创作创作的经历，并让学生谈一谈自己的感受。通过这一环节，可以使学生感受到人的兴趣并非是一成不变的，而是会随着个人成长发生改变，体会个人兴趣与未来从事的职业可能有一定的关联性。

（3）兴趣主题的总结和提升

先由学生谈一谈自己对于这一主题班会的感受，再由教师做最后的总结。由学生和教师共同发挥作用，以归纳总结和对学生的期待结尾。

（二）"生涯探索"主题班会的开展

每个学生心中都有一颗梦想的种子，这颗种子或小或大，但都是支撑学生努力学习的不可缺少的因素。在"生涯探索"主题班会中，与学生共同感受学习的意义，可以扩充学生对某些职业的了解，纠正学生错误的价值观念。下面以"我学习我快乐"主题班会为例，对"生涯探索"主体班会的开展进行介绍。

1. 目标

认识学习的意义和价值，了解学习与生活和未来工作的关系。

2. 准备

依据对学生的调查情况，选取活动主持人以及主持人助手。

3. 过程

（1）谈话导入

主持人提出"你是如何理解学习的含义？"的问题，由不同学生发表看法。学生对学习的理解，更能被全体学生所接受，能够有效避免学生对教师口头说教的抵触情绪。

（2）学习话题的展开与深入

①谈对"读书无用论"的看法。主持人助手操作电脑展示"读书无用论"的漫画图，其他学生以小组讨论的形式进行讨论，然后各小组派代表发表看法。这一环节有利于学生受到来自其他学生的正确价值观的引导，改变对学习的错误看法。

②感受学习的价值。主持人助手操作电脑展示10岁女孩利用海啸知识救人的教育故事，并找学生说感想。教师提出"学习知识除了能帮助他人之外，还能给我们及我们身边的人带来什么？"的问题，让学生开动脑筋进行有理有据的回答。通过小女孩救人的故事和对生活实例的思考，可以引导学生感受学习知识对于个人生存、解决问题及职业选择的作用。

（3）主题的总结和提升

由其他同学对主持人做出评价，然后由教师进行总结，倡导学生正确看待学习。需要强调的是，教师要注重学生互评及过程性评价，增强学生参与的积极性。

（三）"生涯管理"主题班会的开展

下面以"自觉自律是拉开距离的法宝"为主题，对"生涯管理"主题班会的开展进行介绍。

1. 目标

①体会时间是非常宝贵的，学会制订计划表。

②认识计划的可变性，需要对计划进行更新和调整。

2. 准备

了解学生制订计划的情况；与学生共同搜集与主题相关的资料；制作PPT。

3. 过程

（1）故事导入

向学生讲述四只毛毛虫的故事，由学生评价自己更喜欢哪只毛毛虫，说明喜欢的理由。通过有目标、有计划寻食的毛毛虫与无目标、无计划的毛毛虫的对比，明确目标与计划对学习、生活的重要性。

（2）自觉自律主题的展开和深入

①认识时间的宝贵。先询问学生在家中是如何学习的，再展示搜集到的学生在家中学习时两种不同的状态，并让学生分享自己的感受。首先呈现的在家中不想学习的状态与很多学生的实际状态非常相似，能够引起学生情感上的共鸣。之后呈现的即使遇到各种艰苦的条件依旧能够坚持学习的状态与前者形成了鲜明的对比，可以引导学生珍惜时间，增强自制力。

②学会制订计划。教师首先询问学生有没有制订计划的习惯、计划是由谁制订的、计划包含哪些内容、坚持计划的情况。其次，出示几张不同类型的计划表，让学生分析从计划表中所能获得的信息、计划表中有哪些地方值得学习，再让学生试做计划表。调查学生制订计划和完成计划的实际情况，再让学生从其他同学制订的计划表和教师提供的计划表中提取有用的信息，有利于学生获得制订计划表的参考依据。

③认识计划表的可变性。教师询问制订计划表的学生对计划表的更新情况、更新的频率，询问学生在什么样的情况下会对计划表进行调整。通过这一环节可以帮助学生认识计划的可变性，需要根据实际情况调整计划表，做到及时更新计划表。

（3）总结和提升

教师进行归纳总结，对学生提出期待。

五、家校合作

高中学生生涯教育是高中学生社会化的重要内容。高中学生的社会化受生物遗传因素和社会文化因素的双重影响，其中社会文化因素的影响是最主要的。在影响高中学生社会化的社会文化因素中，家庭和学校是首要的、最基本的因素。相关调查也表明，53%的高中学生认为家长是对自己的生涯影响最大的人，而学校又是担负学生教育培养重任、了解学生学业特点和发展潜能的教育机构。可以说，家庭和学校是高中学生学习、生活的最主要环境，家庭教育和学校教育是高中学生生涯教育最主要的两支力量，加强两者的合作，有利于形成巨大的教育合力，最大限度地发挥高中学生生涯教育的作用。

近30年来，国内外学者在家校合作的研究和实践上取得了一些卓有成效的成果，而对高中学生生涯教育方面家校合作的研究较为少见。但是，从高中学生成长特点和发展影响因素的角度进行分析，家校合作也必然会成为提升高中学生生涯教育质量的有效途径。

（一）家校合作的有利条件

家庭教育与学校教育都有其独特的优势与局限。教育是一项系统的工程，单凭哪一方的力量都将很难支撑起一片完美的教育空间，它需要家庭、学校的共同关心和密切配合。因此，家校合作有着其独特的优势。

首先，家校合作有助于扬长避短，充分发挥家庭教育和学校教育各自的优势，做到在教育内容上相互延续、补充、扩展，在教育方法上互相借鉴、学习、提升，从而全方位地对学生进行教育，营造出相互理解、相互配合、相互信任的育人氛围。

其次，家校合作是应对现代社会快速发展对教育提出的严峻挑战的有效方法，教育不断追求人的全面、持续、健康、终身发展，而要实现这一目标，家校之间必要进行共同合作。

（二）高中学生生涯教育中家校合作的对策

根据舒伯的生涯规划阶段理论，高中阶段处于生涯探索阶段，该阶段的主要任务是使职业偏好逐渐具体化，考虑需要、兴趣、能力及机会，做出暂时的决定，并在学习中加以实践。因此，高中学生生涯教育的重点应该是协助高中学生进行全面的自我探索，唤醒高中学生的生涯规划意识，为高中学生提供职业信息，引导高中学生进行生涯规划并形成生涯决策能力。

高中学生生涯教育理论与实践探究

1. 家校合作促进高中学生做好生涯规划的前提条件

（1）改善家校合作现状

发挥家校合作在高中生生涯教育中的有效作用必须以改善家校合作的现状为前提。目前，家校合作主要问题是家校双方因角色差异及观念的不同而产生了一些以及家校合作方式较为单一。改善家校合作的现状，需要从改善双方的合作关系、畅通双方的沟通渠道、提升双方的合作能力、创新双方的合作方式等方面入手。

首先，学校要积极、主动地接纳家长，充分运用好家长的资源，主动邀请家长参与家校合作计划的制定、实施；其次，学校应从双方的沟通障碍出发，清除双方的沟通障碍，促进双方的交流；最后，在家校合作方式的创新上，在继续实施并改善行之有效的传统方案的同时，要利用现代的信息资源、手段，开发新的合作平台，将学生活动与家校合作联系起来，构建学生、教师、家长三个维度的交流与合作。

（2）成立家校合作PTA项目

父母与教师联合会（Parent Teacher Association，简称"PTA"）起源于19世纪末的美国，在第二次世界大战后被引进日本。PTA在加强学校与家庭、社区的联系，促进高中学生发展中作用巨大。其基本单位是班级，由家长自荐或推举产生委员，与班主任共同组成班级PTA；各班级的PTA委员组成学校PTA，学校PTA包括各种专业委员会，分别负责学生的公益活动、野营、监督学校设施的使用、对学校工作提出建议并对高中学生在社区中的活动进行组织和监督等。在学校成立PTA的同时应设立高中学生生涯教育研究委员会，并且家校双方应努力制订详细的运作方案，以避免PTA流于形式而鲜有实际运作。

2. 依托家校合作PTA项目实施高中学生生涯教育

高中学生生涯教育是一项系统的工作，需要从学生进入高中开始分阶段连续开展：高一阶段的高中学生生涯教育以自我探索为主，让学生做好文理分科的准备；高二阶段高中学生生涯教育的重点是使学生从理性和感性层面上了解生涯知识，包括不同专业及职业相关知识，树立正确的职业价值观；高三学生面临高考压力及志愿填报，因此高三阶段的高中学生生涯教育应开始尝试让学

第六章 我国高中学生生涯教育的实施路径

生做出生涯决策,做出专业选择,并对未来的职业进行初步畅想和体验,为大学阶段的生涯规划打好基础。因此,依托家校合作PTA项目也应该分三个阶段有开展,具体内容见表6-9。

表6-9 家校合作生涯规划系统辅导方案

阶段	任务	主题	实施方式	具体内容
高一	自我探索	兴趣探索	团体游戏社团活动	家长、教师参与"我的最爱"兴趣探索团体游戏;教师引导学科兴趣探索;参加社团,体验自己喜爱的事物
		性格分析	团体活动	家长、教师性格优点"轰炸";PDP动物性格测试
		能力评估	演讲、角色扮演	以演讲的形式展示个人特长 角色扮演发展自身能力
高二	环境及职业认识	生涯阅读	家庭阅读讨论会	家长陪伴阅读不同专业及职业相关书籍网络资料;教师组织讨论会学习交流阅读经验
		"请进来"	主题班会专题讲座	邀请优秀校友回校参加主题班会分享志愿填报、大学生活及不同专业知识;邀请不同职业家长及业内榜样开展专题讲座
		"走出去"	社会调查社会实践	安排学生以社会调查的形式了解家长、亲友的职业及工作内容;利用家长及社会资源在寒暑假给学生提供不同岗位见习实习机会
高三	生涯规划试炼	志愿填报指导	主题班会	家长、教师共同指导学生鉴别信息、选择目标学校和专业、模拟志愿填报
		生涯初步尝试	独立进行现场模拟	学生独立完成一份完整的、虚拟的个人简历,畅想未来;不同职业的家长及教师作为"主考官",对学生进行一次现场模拟面试

依托家校合作PTA项目进行高中生生涯教育主要是通过家长、学校、校友三方合作,合理整合社会优势资源,最大限度地为学生创设认知社会的条件,通过阶段性的任务规划,有效地促进学生发现自我、提升自我、主宰自我的生涯规划能力的提高。

六、各类讲座论坛

　　未来生活和未知世界的广阔性、丰富性，意味着高中学生生涯教育在内容和形式上的多元性。考虑到高中学生生涯教育的课程建构和实施变革往往需要较长时间的积淀和积累，为了能够及时将最新的知识纳入高中学生生涯教育的体系之中，也为了让学生能够在第一时间了解到社会发展、教育变革、经济转型等方面的新知识，学校可以与大学联动，组织各类讲座和论坛。这些论坛和讲座的主题并不是随机设计的，而是基于教师在教学过程中对于学生成长状态和成长需要的综合研判和把握。这种基于学生实际的高中学生生涯教育实施方式能够获得学生的认可，能够有效保障学生的参与度和高中学生生涯教育实施的成效。

第七章　我国高中学生生涯教育的实践研究

第一节　案例设计

高一年级的学生正值分科选择的阶段，由于选科与大学专业选择挂钩，高一年级的学生刚刚进入高中没多久，就不得不思考自己未来的打算。然而，由于高一年级学生的生涯成熟度处于一般水平，且尚未具备较好的生涯决策能力，对大学、专业、职业缺乏清晰的认识，容易听信一些片面的言论。[1]鉴于此，本书以高一年级学生为对象进行高中学生生涯教育实践案例设计。

一、设计目标

高中学生普遍学习压力很大，有的时候难免会产生彷徨和疑虑，不清楚上学是为了什么，只是因为身边的同学都这么做，只是因为一直以来父母都这么说，从来没有发自内心地思考过这个问题。因此，他们在遇到困难和挫折的时候，很容易退缩。本次案例设计的高中学生生涯教育课堂教学，可以帮助高中学生探索他们心目中的大学，明确上大学的意义，激发上大学的动力。

---

[1] 罗玉，吴胜萍，刘忠勤.高中学生生涯规划教育存在的问题及原因[J].百科论坛电子杂志，2021（2）：1168-1169.

（一）知识与技能

知识与技能是三维目标的基础，也是教学目标中一直被强调的内容。教学要求有实效性，知识与技能是对教学效果最直观的衡量。本案例设计结合了生涯金三角理论、生涯九宫格理论和生涯发展阶段理论，但由于高中学生生涯教育课程并不是学科类的知识性课程，故不要求学生全面地掌握这三个理论，只需要理解理论的大致内容即可。例如，生涯金三角理论告诉我们在做生涯决策时需要考虑自我、外界环境、个人与环境的关系这三个方面的因素，学生不需要理解这个理论的由来和之后的演变，只要知道在做生涯决策时需要考虑这三方面的因素，在平时要有意识地收集相关资料，就达到了本节课的其中一个目标。根据高中学生生涯教育课程的性质和本次案例设计所涉及的生涯理论知识，知识与技能的目标包括以下几个方面。

①知道做生涯决策时需要考虑自己、外界环境、个人与环境的关系这三个方面；

②知道人们的日常生活可以概括为九个方面；

③理解人的一生发展是持续的；

④了解高中和大学都属于生涯探索阶段。

（二）过程与方法

基于高中学生生涯教育的内容，本次案例设计将过程与方法的目标制定如下。

①通过手绘，体验描绘理想大学生活的过程；

②通过分享与讨论，学会探索大学生活的方法。

（三）情感态度价值观

如果将三维目标比喻成人体的话，知识与技能是躯体，过程与方法是神经中枢，而情感态度价值观则是灵魂。根据学情分析，本次案例设计将情感态度价值观的目标制定为以下两点。

①懂得上大学的目的和意义，激起上大学的动力；

②认可高考并不是人生的终点，人生是一个持续发展的过程。

二、设计思路

本次案例设计在设计高中学生生涯教育课堂教学时，采用了"回顾—导入—主题活动—总结"的课堂教学模式。❶

（一）导入：生涯第一课

【教学内容】

学生看到这节课的标题《你好，大学！》时，不免会产生疑惑，为什么这节课要讲大学，自己刚进入高中，离大学还很遥远。对此，教师要通过带领学生回顾之前在生涯第一课中学习的生涯金三角理论来消除学生的疑虑。生涯金三角理论提出，我们每个人在做生涯决定的时候，都要考虑"自己""外界环境""个人与环境的关系"这三个因素。教师要告诉学生，在探索了自身的兴趣、能力之后，接下来将进行外部世界的探索，而本节课就是探索外部世界的第一节课。❷

接着，教师要问全班学生提问："是否想上大学？"，并播放在某中学校园内的采访视频。视频共采访6名学生，3名高二学生，3名高三学生。

采访问题为：

①你想上大学吗？

（回答都为"想"）

②提到大学，你想到什么？

（回答包括：更丰富的知识、可以为所欲为、有很大的图书馆、有很多学科课程、与高中的制度不一样，采用学分制、不单单只有学习。）

【设计思路】

教师介绍生涯发展探索期理论——舒伯的生活广度发展观，让学生了解到他们正处于生涯发展探索的黄金时期，并通过介绍斯韦恩（Swain）的生涯金三角理论，让学生懂得生涯探索的内容，不仅要对自身的特质有所了解，还要掌握外部世界的相关信息。

---

❶ 孙林. 高中历史教学中生涯教育的有效渗透研究[J]. 启迪与智慧：上，2021（12）：118-119.
❷ 陈晓影. 高中语文教学助力学生生涯规划教育的策略[J]. 中文科技期刊数据库（全文版）教育科学，2021（8）：223.

（二）热身活动：头脑风暴

【教学内容】

运用拍手的形式，回答提到大学会想到的词。先全班一起说"大学里面有什么"，同时拍手，接着，每个小组再选一个代表站起来回答。

具体游戏规则如下：

①前后桌8个人为一个小组，每个小组派1个代表站起来回答，回答时的声音要响亮，要让其他同学听到。代表可固定一个同学，也可轮流做代表，由小组成员自行决定。其他同学要积极为代表提供词汇。

②回答的顺序为顺时针。

③在5秒内没有回答的小组即淘汰。

④每个答案只能回答一次。

⑤同类别的答案只能列举一个，如有小组回答了"心理学专业"，其他小组就不能再回答此专业类别。

⑥2分钟内，看哪个小组对大学的了解最多。

正式游戏前，每个小组可讨论1分钟，讨论结束后正式开始游戏。

【设计思路】

在学生回答完"想上大学"之后，内心的斗志被催发，这个时候，通过一个热身活动，更能激活他们的情绪。热身活动是高中学生生涯教育不可缺少的环节，通过热身活动，能使学生在短时间内进入最佳状态，调动学生的兴趣，启发学生的思维，为整节课的成功奠定基础。那么，什么样的热身活动才是有意义的呢？简单来说，可以调动学生的积极性，可以营造轻松的课堂氛围的热身活动就是有意义的热身活动。

本节课的热身活动为什么是让学生回答关键词，而不是让学生来具体描述呢？首先，词是语言中可以独立运用的最小单位。其次，在实际语言输出的过程中，大脑语言信息加工机制的处理时间很短，更多地是依赖大小不同的词汇单位。即时回答，由于思考时间短，学生来不及过多地加工，所以往往更能呈现出他们内心深处的想法。询问学生在提到大学时想到的词，可以了解学生对大学学习及生活的认知程度，也可以知道学生心目中的大学是什么样的，激发学生探索大学的兴趣。

一次回答一个词语，回答时间较短，需要教师把控好班级秩序，否则学生纷纷发言回答，众说纷纭，班级极容易变成吵闹的菜市场。因此，本节课的热身活动采取一次由一名同学回答的方式。但是，一名同学又怎能代表全体同学的想法呢？现在的教学要求应进行启发式教学，启发式教学倡导合作学习，而小组讨论就是合作学习的一种形式。在小组讨论的过程中，学生能发散自己的思维，表达自己的观点，创新想象思维。小组讨论可以促使学生积极主动地探究，促进学生个性的发展。本次热身活动先通过小组讨论，让同一小组的学生进行脑力的激荡，集思广益，把组内成员的想法汇总在一起，再由一个代表回答。这样既可以听到尽可能多的同学的想法，还容易把控回答的场面。

需要注意的是，在这个环节中，学生不免会提到"逃课""挂科"等负面词汇，这时教师先不要予以批判，而是承认这些现象的存在，在后面的环节再对此进行讨论。

（三）主题活动一："手绘大学"

【教学内容】

先让学生闭上眼睛想象自己未来的大学生活是什么样子的，提到大学自己脑海中出现的第一个画面是什么，然后让学生截取其中一个最让人印象深刻的画面，画在学习单上，并给自己的画取名字。在学生绘画的过程中，教师需要走动巡视，聆听学生的绘画思路和画面背后的故事。画完之后，让学生以前后桌4个人为一个小组，在组内进行分享，分享画的名字、内容和自己所憧憬的大学生活，再选取小组代表在全班进行分享。

与此同时，教师可以提前从正反两个方面准备一些他人的画，用于引导学生思考"天天上课睡觉"这样的大学生活会给我们带来哪些收获。

【设计思路】

热身活动让学生打开了了解大学的大门，使学生的脑海中产生了对大学的大致印象。接下来，要让学生加深这个印象，继续探索自己心目中理想大学生活的模样。

绘画，被认为是学生现实生活的反映，以我手绘我心，通过绘画反映出来的内容，使教师得以了解学生的内心世界、生活方式和学习状态。绘画过程是一个让学生自由表达自己的过程。在学生绘画完成后，请学生给自己的作品取名字，可以让他们充分完整地表达自己的感悟，展示自我、放松心情。让学生在全班同学面前暴露自己的内心是有一定难度的，而绘画会投射出学生最真实的情绪状态。教师能够从学生的绘画作品中，看到学生的内在愿望和心理需求。这种方式符合学生的心理特征，更容易被接受，而且在实施上也简单易操作，且不受时间和空间的限制，效果显著。在此环节中，绘画并不是最主要的，更重要的是对绘画作品的解读。解读绝不可以只根据某个局部特征就做出片面的判断，更不可仅根据一幅绘画就对一个学生做出绝对的判断。教师要重视绘画者本人对画作的解读，因为绘画者自身对画作的解读才是最准确的。绘画者自身的解读，会显现其真实的想法。绘画者讲述自己的作品，既是其探索自我内心的过程，又可以让他人对其产生深入的了解。

另外，绘画相比于口头回答，加工深度更深，学生更能进行深入的思考，因为略带思想深度的问题，往往需要一个思维激活的过程。相比于文字描述而言，绘画则更加形象具体、一目了然。通过描绘理想中的大学画面，学生会开始憧憬美好的大学生活，渐渐明确自己想上什么样的大学，从而树立目标。

展示其他人画作的目的是从正反两个方面总结这个活动，呈现不同类别的大学生活样貌，促进学生思考，同时澄清上大学的目的。很多学生觉得高中阶段学习压力大，而进入大学后就可以开始放松，但是为了放松而上大学的动力不够强。对此，可以选出表达正反两个方面内容的画作进行对比。但是，为了避免学生由于社会赞许效应的存在隐藏内心真实的想法，故采用其他人的画作代替。

（四）主题活动二：上大学有什么意义

【教学内容】

由前一个活动中对反面的画的思考引导学生在学习单上填写自己认为上大学会有哪些收获，并在全班进行分享。之后，通过校园视频采访和文字采访的形式，由正在上大学或大学毕业的人分享他们在大学里收获了什么。校园视频采访共采访1名男生，4名女生。

采访问题为：

①上大学的意义在哪里？

（回答为：a.学会了很多技能；b.学会了如何与他人相处，同时也获得了一些荣誉，拥有四年美好的经历。）

②对你来说，上大学的意义是什么？

（回答为：a.大学是社会化的第一步，在大学中可以认识一群志同道合的朋友。

b.学会了独处。在大学享受属于自己的生活，跟自己独处。

c.做事不再有很强的目的性，而是享受做事的过程，更加享受生活，注重充实、完善自己。

d.上大学最大的意义就是慢慢摸索出自己真正想要什么，然后朝着这个目标去努力。

e.更加勇敢，抓住各种机会去锻炼自己；更加自信，通过锻炼看到自己的光芒。）

文字采访的对象是某中学的毕业生，共9名。他们中有些已经工作，有些还在上大学；有些对大学有着很深的感悟，有些对大学感到迷茫。

在分享完过来人的感受后，由教师询问学生现在认为上大学的意义是什么，并填写在学习单上。写完之后，引导学生思考以下3个问题：①你所写的意义，是你真正想要的吗？②它能否成为你前进的动力？③它能否给予你克服困难的勇气？

【设计思路】

上一个活动让学生描绘了想象中的大学生活，并从正反两方面进行了总结。在提到反面例子的时候，教师引导学生思考那样的大学生活会给我们带来怎样的收获。当我们做一件事情的时候，总是希望自己能在其中有所收获。这个收获，可能是功利性的奖励，可能是自我的成长，可能是完成对自我的承诺。

引导学生思考自己想在大学中收获什么，也是在帮助学生明确自己想过什么样的大学生活。大部分学生从未思考过这个问题，这个时候教师可以运用生涯九宫格理论，告诉学生大学生活其实可以用九个方面（学习进修、职业发展、人际交往、个人情感、身心健康、休闲娱乐、财务管理、家庭生活、服务社会)来概括,但是并不是每个人都要做到这九个方面。

高中生谈到的大学收获,只是他们当下的憧憬和愿望。在大学里究竟可以收获什么呢?这个问题需要让大学生来回答。通过采访正在上大学或者已经大学毕业的学生,可以消除高中学生对大学的一些错误信念。

(五)总结:胸怀未来,是为了立足当下

【教学内容】

介绍舒伯的生涯发展阶段理论,指出高中到大学阶段都属于生涯探索期,告诉学生,在这个阶段,要多行动,多尝试,从而找到自己真正感兴趣的事物。不同的人过着不同的人生,每个人的人生意义都是由自己创造的。无论是大学,还是高中,想过什么样的生活都取决于你自己。大学可以为步入社会做准备,同样的,高中也可以为大学做准备。因此,教师要引导学生思考,在高中可以提前做哪些准备,并鼓励学生有所行动。

【设计思路】

由憧憬大学回到当下的努力,是本案例设计的意义所在,也是本案例设计的难点。本案例设计最主要的目的是让学生意识到人生是一个持续发展的过程;我们现在的付出,可以为自己的未来做铺垫;我们不仅要有生涯规划,更要有生涯行动力。

第二节 案例的教学实施

一、课堂实录

(一)导入:回顾生涯第一课

【教学片段一】

教师:同学们看到"大学你好!"这个标题可能会觉得很奇怪,老师,我们才高一,你就跟我们谈大学,是不是也太早了?

学生纷纷点头赞同。

教师：其实并不早，大家知道，自从新高考改革实施之后，我们不再是在高三填报志愿的时候才进行大学和专业的选择，新高考改革要求大家在高一的时候就要选择自己高考的考试科目，而你所选择的科目与你之后要学的专业，甚至未来从事的职业都是密切相关的。举个简单的例子，北京师范大学的心理学专业就要求学生必须选考物理和化学，所以大家在高一，甚至在更早的时候，就要对自己的人生有所规划。为了帮助大家更好地进行生涯规划，我们开设了生涯规划这门课程。

教师：在生涯第一课上，我们学习了"生涯金三角"理论。同学们知道，在我们进行生涯规划的时候，不仅要探索自身，还要探索外部环境和个人与环境的关系。具体来说，一共有6个步骤，第一是"知己"，即认识自己；第二是"知彼"，即探索环境因素、教育机会和职业机会；第三是"抉择"，即做充分知情的选择；第四是"目标"，即订立行动方案；第五是"行动"，即实践行动方案；第六是"评估"，即针对行动的效果进行反思及回馈。在前面的课上，我们进行了自我探索，探索了我们的兴趣和能力，而在接下来的课程中，我们将进行外部世界的探索，即分别探索大学、专业和职业。在探索之前，我们需要先来回答一个问题："家长总是叫我们努力考上大学，那上大学到底有什么意义？"今天这节课，我们就来谈一谈这个问题。

【教学片段二】

教师：首先老师想问问大家，大家想上大学吗？

大部分学生：想。

个别学生：想上，但不一定能上。

教师：提到大学，大家会想到什么？

学生A：高考。

学生B：人上人。

教师：刚才老师听到了我们班的同学对这两个问题的回答，老师在校园里随机采访了几个同学，大家可以听听看他们的回答是什么？

（播放第一段校园采访视频，共采访6名同学，3名高二同学，3名高三同学。）

教师：我们可以看到，来到这所学校，大家都是想上大学的。提到大学，每个人想到的东西都不一样。接下来我们进行一次头脑风暴，看看大家提到大学都会想到哪些内容。

（二）热身活动：头脑风暴

【教学片段三】

教师：我们先组内讨论、集思广益。提到大学，你会想到什么词，任何词都可以，只要你想得到。

（教师巡视教室，查看学生讨论情况，提醒学生词汇要有大学特色。）

教师：好，讨论的时间到了，我们开始正式比拼。看大家都讨论得很开心，那我们来试试看。一次只能有一个同学回答，先从第一组开始，准备好了吗？

学生：好了。

学生回答汇总：学分、双学位、辅修、外地、社团、实习、就业、勤工助学、出国留学、奖学金、放松、自由、逃课、谈恋爱、打游戏、挂科、本硕连读、答辩、四六级、交换生、小树林、讲座、旁听等。

教师：看来大家对大学都不陌生，提到大学，都能想到很多词汇。我们对大学的印象可能是在与学长学姐交流的过程中产生的，也可能是通过电视剧里的情节了解到的。整体来说，现在在我们脑海中的大学，可能只是只言片语，以小碎片的形式存在。接下来，就让我们尝试将这些小碎片拼接成一个整体，以系统的形式，更加立体地呈现我们所理解的大学以及我们对大学的憧憬。

（三）主题活动一："手绘大学生活"

【教学片段四】

教师：在之前的课上，我们想象了我们的高中生活，接下来，也请大家闭上眼睛，想象未来大学生活的情景，想一想"你想象中的大学生活是怎样的？你未来想过怎样的大学生活？"有些同学脑海中可能会出现很多幅画面，但在这节课上，我们需要选取脑海中最深刻的一幅画面，并将它画在学习单上。大家在画的时候，要记得给自己描绘的蓝图起一个名字。

（在学生绘画的过程中可以播放无歌词的轻音乐，并在全班范围内走动巡视，查看学生绘画情况，了解学生的绘画内容和构思缘由，引导学生思考"你想象中的大学生活与你想象的高中生活有什么不一样呢？"）

第七章　我国高中学生生涯教育的实践研究

教师：看到很多同学画完之后，都迫不及待想要看看其他同学画的是什么。接下来，给大家4分钟的时间，大家前后桌4个同学为一个小组，互相分享，你的画叫什么名字？你画的内容是什么？你想象中的大学生活是什么样子的？你为什么这么画？

（学生组内分享完毕。）

教师：我看到大家讨论得都很激烈，也对其他同学的画有了一些自己的见解。同学们到底都画了哪些内容呢，接下来，请一些同学来跟大家分享自己的作品（图7-1）。

（学生分享时，将学生的画用实物投影仪投出）

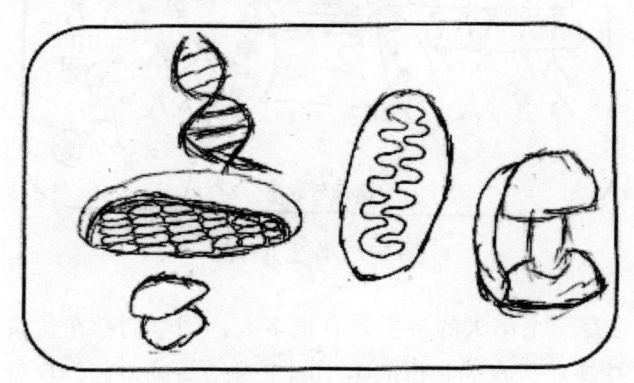

图7-1　学生C作品

（展示作品时，其他同学一阵欢呼。有学生直接指出了画中内容是生物的内容。）

教师：你可以跟大家分享一下，为什么你想象中的大学生活是这样的吗？

学生C：很明显，因为我是生物竞赛生，那么我大学要选择的专业就一目了然。我打算填报志愿的时候，每个专业都报生物，那我一定上的是生物专业。至于我画的是什么？除了我们现在已经学过的线粒体、叶绿体、DNA、核糖体，还有ATP合酶。它有一个头部和一个尾部，中间的是转子，外面的是定子。在进行ATP合成的时候，定子是不动的，转子是动的，然后转一圈就会有3个ATP跑出来。

教师：我们仿佛听C老师给我们上了一堂课似的。你为什么觉得你选择了生物这条路就会一路走到底呢？

学生C：因为我很喜欢生物，而且我也很擅长生物。

教师：C同学确实对生物有自己的一番见解，也了解了很多，我们可以看出他对生物满满的热爱。有些人可能终其一生都在做同一件事情，这是一种生活方式，但并不意味着我们每个人都要选择这种生活方式。大家还年轻，人生尚有无限种可能，老师鼓励大家多多探索自己的可能，暂时不用对自己的人生有所限制。我们来看下一个同学的画作（图7-2）。

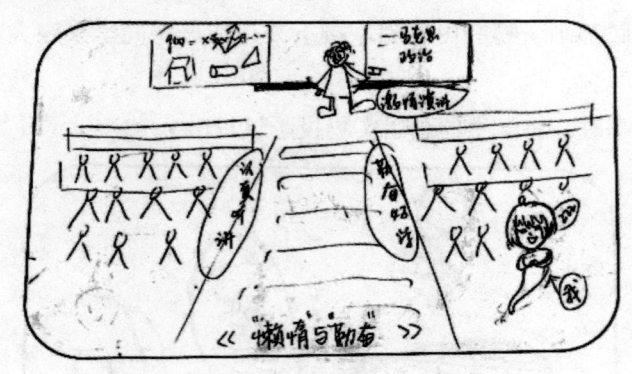

图7-2　学生D作品

学生D：这是一个偌大的讲堂，有很多人，同学们都在认认真真地听讲，只有我一个人在睡觉。我的画作的名字叫《懒惰与勤奋》，这就是我理想中的大学生活。

教师：大家现在太累了，都想要在大学里放松，那为什么你们觉得大学的理想状态就是好好睡觉、好好玩呢？为什么你现在不睡觉，要等到大学了再睡呢？这个问题留给大家好好思考。我们来看下一个同学的画作（图7-3）。

图7-3　学生E作品

第七章 我国高中学生生涯教育的实践研究

教师：这位同学的画看上去一目了然，但是我们还是要听听她的解读。

学生E：上大学是高中生活的一个终点，但是又是我们追求梦想的一个起点。

教师：E同学提到，考上大学，我们就能更加接近我们自己的梦想。相信很多同学都已经有了自己内心深处想要追寻的那道光，那我们一定要等到上大学了，才能开始追光吗？

学生E：不是的，我们现在就可以开始行动。只是到了大学，能投入更多的时间和精力，更加全心全意地做自己想做的事情。

教师：嗯，时不我待，有梦就要勇敢去追。我们来看下一个同学的画作（图7-4）。

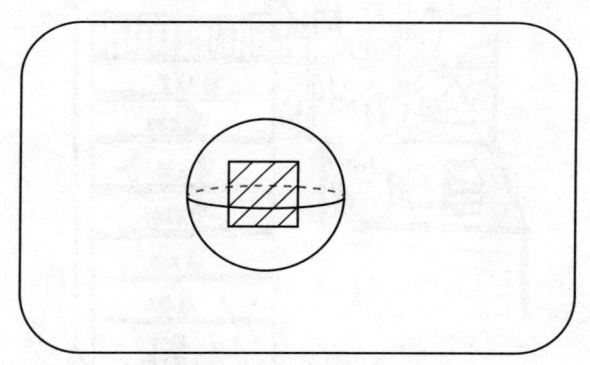

图7-4 学生F作品

教师：这幅画好像一道数理题，是因为你之后打算读理工科的专业吗？

学生F：老师，这不仅仅代表了我之后想读的数学专业，我还赋予了它其他三层含义。

教师：那快和我们分享。

学生F：好的。第一，外面的圆表示虽然我表面看起来很圆滑，但其实我的内心非常慌（方）乱。第二，圆是围绕着立方体转，代表着我们其实都在为自己的目标奋斗。第三，纵使外界有许多纷纷扰扰（圆和立方体），但我仍然一眼看到自己想要的（中间的点）。这是我希望自己能在大学里达到的境界。

F同学分享完，全班不约而同地鼓掌。

教师：我想，大家的掌声就已经代表了对你的肯定。看似简单的一幅画，原来还有这么多层意思，说明F同学思考得很深。其实我们这个活动不在于看大家的画工怎样，重点在于勇于表达自己。

教师：老师在巡视的过程中，看到好多同学都画到了恋爱的场景。确实，很多人一提到大学就想到谈恋爱，这个想法可能是因为我们现在这个年纪会产生的一些正常的青春萌动。恋爱，确实可能成为大学生活的一部分。但是每个人都对大学生活有不同的想法，有的同学向往去大学里进行学术研究，有的同学希望在大学里得到放松。老师也找了一些其他同学画的画（图7-5~图7-8），大家可以看看他们画的大学生活是什么样子的？这样的大学生活可以给我们什么收获？

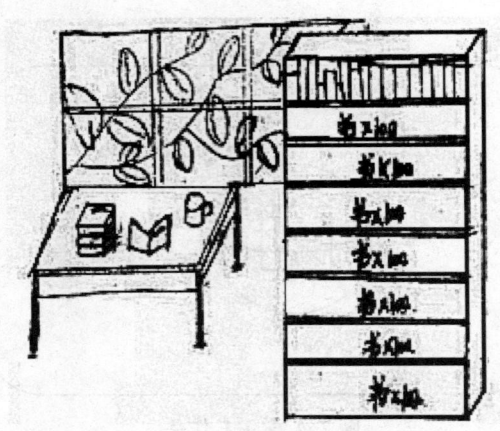

图7-5　他人作品一

教师：高中的学习太紧张了，时间都用来做题，到了大学，就可以有很多的时间用来看课外书。沉浸在知识的海洋，会让我们的知识水平有所提升。

图7-6　他人作品二

教师：大学生活和高中生活一样，会有很多社团，而参加社团可以提升我们的技能。比如，参加辩论社，可以锻炼我们的口才。当然，参加大学的社团会获得很多对外交流的机会，可以增加阅历。加入社团，我们会认识很多朋友，可以拓展人脉，收获友情、爱情。

图 7-7　他人作品三

图 7-8　他人作品四

教师：有些人一提到大学生活，想到的就是挂科、逃课、上课睡觉等。对于这样的大学生活，我们暂时不去评论，它确实也反映了一些常态。但是，大家可以想一想，这样的大学生活，会给你带来什么呢？

学生：快乐、优质的睡眠

教师：可是通过快乐、优质的睡眠，你会收获什么？这个问题留给大家思考。在这里，老师要告诉大家，其实我的大学生活比高三还要累。

（四）主题活动二：上大学有什么意义

【教学片段五】

教师：不同样貌的大学生活，带给我们的收获也不一样。接下来，请大家回到自身，想一想你希望从大学里收获什么？我们去上大学，必然也希望大学能给我们创造一些不一样的价值。大家千辛万苦地学习，与千军万马一起去挤高考这座独木桥，是希望从大学里收获什么、兑换什么呢？请大家将自己的想法写在学习单上。

（学生填写学习单，填写完邀请学生分享。）

教师：大家想在大学里面收获什么呢？

学生G：我希望能收获能力、知识、友谊、爱情，有属于自己的青春回忆，赚第一桶金，同时在大学期间学习自己一直想学却没有时间学的才艺，比如尤克里里、插花、剪辑视频和跳舞等。

学生H：我想收获知识，提升个人能力，发掘自己的潜能，培养不同的兴趣，收获实践经验，拥有新的情感体验、新的平台与机会。

学生I：我想对知识有更深入的研究，拥有一段长久的友情、更成熟的思维能力、优秀的道德品质和三观，成为一个更温暖的人。

学生J：我想收获不同的情感体验、丰富的校园活动、志同道合的朋友、钱，学会为人处世，保持一颗纯正的心，追求简单极致的真理，更接近目标，找到自洽状态。

学生K：我希望能收获扎实的专业知识、丰富的工作经验、一项新才艺、一段甜甜的初恋；培养自我管理能力，如基本的生活能力、时间安排能力、人际交往能力；同时学会提高生活质量，每天在桌上摆一束花。

学生L：我想研究国内外物理课本的不同，掌握科学研究的方法，拥有志同道合的朋友，学会自我调整和安排生活的方法，找到未来努力的方向。

教师：每个人希望在大学收获的内容都有所不同，比较普遍的是希望自己获得知识技能、好友伴侣等。我们知道，生活是丰富多彩的，包含方方面面，除了大家提到的这些，我们在大学里可以收获到的内容还有很多。其实，有位生涯教育家已经为我们进行了总结。金树人老师提出，我们的生活可以用九个方面（学习进修、职业发展、人际交往、个人情感、身心健康、休闲娱乐、财务管理、家庭生活、服务社会）来概括。大家可以看看，有哪些方面是你没有想到的。这九个方面我们在生活中都要涉及吗？答案是否定的，我们可以尽自己所能涵盖更多的内容。能做到的越多，说明你越优秀。

教师：那么，上大学究竟能收获什么呢？老师也采访了一些正在上大学的人，大家可以看看他们在大学里收获了什么。

（播放第二段采访视频。共采访1名男生，4名女生。）

教师：确实，谈到上大学的收获，我们更多的是获得知识技能上的成长。但是，对于上大学的意义，不同的人则会有不同的见解。老师也以文字采访的形式采访了一些已经毕业的学长学姐，他们中有些人已经工作了，有些人还在上大学。大家可以看看他们觉得上大学有哪些意义？

学长学姐A：不知道。

学长学姐B：拿个文凭找工作。

教师：突然问这个问题，很多人会觉得迷茫，但是也有一些学长学姐的回答很深刻。

学长学姐C：学到想学的专业知识并且找到同道，从一个更开阔的平台获得信息，推迟自己正式进入社会的时间，分散一些压力，同时使自己的思想更加深邃。

学长学姐D（就业于IT业世界500强公司）：上大学对我来说最大的意义就是困难的历练。可能是因为经历过很多困难，现在遇到困难时不会选择退缩，而是能勇于直面困难。

学长学姐E（就读于墨尔本大学）：上大学对我来说是把之前在父母/老师推动下养成的习惯和目标，内化成对自己的要求。我感觉我在成年之前接受的教育或者承受的压力，其实是在推动我去看到自己通过努力能达到什么样的高度，而这些在成年之后会变成我们自我要求的一个参考。大学这个半学术半社会的环境，就是很好的一个内化和过渡的过程，形成了一个自主的体系。

大学是一个成本很低的观察环境，可以看到在同一平台上，不同的生活方式、目标、为人处世，会带来不同的结果。身边的人可以为我们提供很多参考，因为大家的生活轨迹都在同一个校园环境里，这样的条件在以后也很难获得。

出国留学对我的意义是有一个完全独立的环境，让我摸索出一个舒适的生活状态，比如学习与工作的平衡、社交和独处的平衡等。在这种保持学习还能适应社会的情况下，我可以非常从容地寻找自洽状态。

学长学姐F（就读于北京体育大学）：对我而言，我觉得自己能在自己喜欢的专业学习，选择自己的人生方向并沿着这条路走下去是非常幸运的。我从南方到北方，见到了雪和秋天的落叶，遇见了来自天南海北的人们，拥有了很多不一样的人生体验。在大学里，我们虽然要努力学习，但我们需要的绝不只是学习，我们有机会也有必要发展自己的课外兴趣并提升自己的特长，成为一个更全能的人。虽然有时仍然会感到迷茫，但来到大学能让人更加明白，什么叫做人生有无限种可能。

学长学姐G（就业于北京4A广告公司）：上大学最大的意义应该是通过选择专业，想明白了自己之后想做什么。

因为我的专业是广告学，行业的学术和技术门槛都不是特别高，所以大学四年主要是让我习惯了"要从事广告行业工作的人"的身份，以一个预备军的态度准备了4年，使最后真正入行时觉得特别得心应手。还有就是大学是一个很好的时间段。工作以后时常感觉被时间推着走，想做的事情太多了，根本没有什么浪费时间、虚度人生的放空机会；而大学阶段是一段很难得的自由的、属于自己的时间。

学长学姐H（建筑设计专业独立执业）：大学是我职业生涯的启蒙。虽然实际专业实操的知识并不是在学校里学到的，但是没有大学学习的过程，就很难敲开建筑专业这扇门。

学长学姐I（就读于上海财经大学）：上大学的意义，我觉得主要有两方面，多元化的融合和进社会前的演练。

大学的英语是"university"，由"universe"演化而来，意为包容万象的地方。事实也确实是这样的。大学生来自五湖四海，带着不同的地域文化、生活习惯、人生观、价值观、世界观，聚集在同一个地方，无可避免地会产生差异化的趋同。有的人会被磨去棱角，有的人会进步，有的人会退步。毫无疑问的是，上了大学我们都会发生改变。在这里我们要学习如何包容、如何理解其他的有显著差异的思想，也要学习如何正确地向他人传达自己的思想。其他人可能会以一个你从来没想过的角度思考问题，而这种多元化的拓展对个人而言有很大的帮助。

还有一个是进入社会前的演练，虽然大学相对于社会，可能像是小猫比老虎，但是大学确实是对社会的一定映射。我觉得大学就是一个练兵场，相当于一个不计成绩的测试，在这里犯错的成本相对来说是很小的。身边有很多学生会的成员觉得学生会的工作、过于烦琐就辞职了，其实我不是很赞成。因为以后到了社会可能会有更烦的事情、更难缠的人，那个时候就不是想退出就能退出的了。所以在大学，不管是学习、工作，还是人际关系的处理和紧急情况的判断，对未来类似事件的发生和处理都是有积极意义的。

教师：听了这么多学长学姐的分享，可能也有同学好奇老师的大学生活是怎样的。我觉得上大学对我来说，就是给了我"挑战不可能"的机会。我和我们项目团队一起研发了"生涯辅导虚拟仿真实验教学项目"，可能大家都已经接触过不少虚拟仿真的实验了，但是当你自己去尝试研发，看到自己的想法变成现实，那种感觉是不一样的。以前的我，觉得自己根本不会去接触商业，一提到商业，提到钱，我就一头雾水。但是我的老师给了我这样一个机会，让我去参加创业竞赛。我没有拒绝，并且也和我的小伙伴们一步步地尝试，最后取得了不错的成绩。在大学里，我们确实会有很多不同的体验，生活也会给我们很多惊喜。

教师：听完这么多分享，现在大家是否对大学产生更进一步的认识了呢？你对于上大学有了什么新的理解？大学对你而言的意义是什么？下面给大家3分钟的时间将自己的想法写在学习单上。

部分学生的回答如下：

①可以接受更高层次的教育，有时间专攻一个学科；可以更好地分配自己的时间，变成大人；可以开启财富道路，实现自己的理想。

②在大学中，我们可能会结交一群新的朋友，可能会学会一项新的技能，可能会融入集体，也可能会学会独处。未来的生活有无限种可能，我想对自己说，慢慢来，一步步提升自己，享受向前方奔赴的过程。

③大学看似轻松，没有升学压力，但我们应该给自己一个安排生活、提升自我的机会，而不是完全放松。

④大学可能会面临很多新的挑战。但是，最重要的或许不是达成一个个目标，而是享受奔赴的过程。大学四年，要成为自己想成为的人！

⑤要时刻提醒自己，想要的是什么，目标是什么。要在让自己相对舒适的生活状态中实现理想。

⑥要更加深层地挖掘、提升自己，走好迈向社会的第一步；要磨炼自己的心性，学会更好地生活，使大学成为自己前进的动力。

⑦大学有一个很重要的字——"独"，要学会独立、独处。

⑧在大学，我们可以拓宽眼界，不再局限于一个城市，而是有机会去其他地方看看；我们可以延展人脉，认识更多来自不同地方、不同性格的人们；我们可以更加自由，不再那么拘束，做一些自己想做的事情；我们可以提升自我，为美好未来奠基。大学比我们想象的更加丰富多彩，有更多精彩等待我们去挖掘，但前提是在高中阶段好好学习，进入心仪的大学。

⑨在大学，有一段相对自由的时间，有机会、有平台去做一些自己喜欢的事；可以学会独立，学会接触社会；可以基本明确人生方向，对人生有初步规划；可以使思想境界和处世方式进一步成熟。每个人对大学生活都有不同的理解，甚至很多理解是相对立的。所以，大学的意义要靠自己去经历、去体验，不同的生活方式会有不同的收获。

⑩我希望自己能够有自己独立的人格，我希望拥有自己的人生而不是满足他人的期望，我希望自己能真正地多彩。

⑪通过一次次决策和努力进入新的阶段，这或许便是人生闪光的部分。

⑫了解了"过来人"的想法后，我觉得大学生活与社会有十分密切的联系。大学就是社会的一个缩影，在大学，要在学习的同时去摸索将来在社会待人接物的方法。大学就是为实现自己目标而奋斗的一个阶段，所以我在想是否我从现在起就要树立起目标呢？这只是我的一个疑惑，我还是想尽力学好所有课程，高二再决定自己的人生方向。

⑬未来如何，想去的大学如何，其实我都不懂，说的憧憬也不过是无依据的空想，但我仍希望保持积极心态，等待空想向现实飞跃。

⑭上大学可能意味着升学压力的减轻，但也代表着生活压力的增加，以及更多的机遇与挑战。我要努力成为能独当一面的大人！

⑮大学意味着更多机会，意味着逐步走向社会，我希望我能度过一个独立、充实的大学生活。但在当下，我会努力学习，先达成最近的目标，考上理想的大学。

⑯大学是自己人生的第一站，是青春开始的年龄，是对人生的第一张答卷，是进入社会的最后一堂课，是教导我们进入社会的成人礼。

教师：刚才大家都写了自己所认为的上大学的意义，老师想要问问大家，你所写的意义，是你自己真正想要的吗？还是出于对父母的压力、社会因素的考虑而写的。它能给你带来动力吗？还是给你带来更大的压力？为什么会给你带来更大的压力？当你遇到困难的时候，它能否给予你克服困难的勇气呢？我们希望上大学的意义可以带给你动力，而不是阻碍你的成长。

（五）总结：胸怀未来，是为了立足当下

【教学片段六】

教师：我们在今天这节课上为什么要跟大家谈大学呢？根据舒伯的生涯发展阶段理论，我们现在所处的阶段，是人生发展的探索期。在这个探索期中，我们要去不断地尝试，同时接触很多新鲜的事情，从而确定我们自己真正想要的到底是什么。

教师：有的同学觉得我一定要上个好大学，才能获得我想要的东西，或许这不是最合适的动力。当你遇到挫折时，就很容易放弃。

教师：其实，大学的意义是由我们自己创造的，你的选择，造就你的大学。

教师：大家可能都听说过，上大学是为了职场做准备，我们选择专业，之后可能就会以这个方向去就业。刚才的学长学姐也提到，大学是进入社会前的练兵场。其实，我们在高中也可以为了大学做准备。大家可以想想，为了进入你心仪的大学，你现在可以做哪些准备。我们不仅要思考自己未来想要什么，也要思考当下为了未来，我可以做哪些准备。我们的人生是一个持续发展的阶段，我们的未来是经过现在的积累慢慢发展而来的。

教师：我们说，胸怀未来，其实是为了更好地立足当下。我们可以通过

明确上大学的意义来调整高中学习的动力,让自己的高中生活能够过得更加顺利,让我们未来的憧憬给现在的生活带来一些更加积极的意义。

教师:不仅大学的意义是由我们自己创造的,高中的意义也是如此,推而广之,整个人生的意义都是掌握在我们自己手中的。我们每个人都有意想不到的可能性。

教师:老师看到很多同学都在给自己加油鼓劲,说未来要好好努力,希望大家能把今天的状态保持下去,好好规划自己的高中生活。

二、教学评价

教师评价1:教师为这堂课做了充分的准备,精心安排分组、制作课件、呈现案例、录制视频等,教学节奏把握较好,教态自然稳重,在活动过程中与学生互动充分,能及时发现现场生成的亮点,进行多元化展示。各个教学环节由浅入深,能引导学生进行对大学意义的探索,实现教学目标。❶

教师评价2:教师亲和力强,能够关注学生的课堂动态,及时为学生提供指导,并且对学生的回答给予很好的回应。本课教学内容丰富、生动,逐步引导学生认识大学的真正面貌,贴近学生的心声,赋予学生能量。多媒体课件设计美观,为达到教学目标提供了帮助。

学生评价1:以前,我一直都不明白为什么要上大学,乔布斯等人辍学不也同样干出了一番大业绩,觉得人生不应该由是否上过大学来决定,在学习上只是盲目地跟着老师走。经过《大学,你好!》这一节课的学习,我对大学有了新的认识,上大学,不只是为了有一个好的工作,还能让我有机会学习自己感兴趣的内容,拓展自己的视野,让自己认识到人生是不受局限的,我们的未来有无数种可能。

学生评价2:通过这节课的学习,我对心仪的大学更加向往了。虽然我现在距离它还很远,但是我有满满的动力和信心。我要好好规划自己高中三年的生活,期待在三年之后,我能迈进理想大学的大门。

---

❶ 李占娟.新高考背景下高中生生涯教育的意义及途径[J].东西南北:教育,2020(5):264.

三、教学反思

总体来说，本次教学实践紧跟时代潮流，贴近学生的需要。教学目标明确具体，可操作性强，符合课程要求和学生实际情况。教学环节衔接得当，由浅入深，能引发学生思考。小组讨论、经验分享等教学方法的使用，能推进教学内容的完成。最重要的是，本次教学实践不只是简单地对教学内容进行设计，而是结合了高中学生生涯教育的理论知识，使教学内容有理有据，同时完整地呈现了如何运用理论来进行设计，可为他人提供参考。

学生表示这节课给他们带来的收获很大。之前，他们经常会因为他人的说法，如大学生毕业之后经常是去给没有读书的人打工，动摇自己上大学的想法；特别是在考试成绩不理想的时候，极其容易感到迷茫。通过这节课的交流，学生探索了上大学的意义，更加坚定要朝着自己的目标努力。

有反思，才有进步。课后回顾整个教学过程，可以发现有些地方仍有改进的空间。比如，可以录制大学校园环境的视频，直观地展现大学的样貌，使学生更加有代入感。此外，还可以对学生的错误生涯信念（大学就可以上课睡觉，甚至逃课）进行进一步的延伸探讨，帮助学生与自己的错误信念辩驳，从而更好地达到教学目标。

生涯教育，已经成为高中学校教育中不可或缺的一部分。只有帮助学生全面正确地认识自己，为学生提供翔实的外界信息，培养学生的生涯抉择能力，助力学生的生涯发展，才能塑造璀璨又美好的明天！

四、教育启示

高中学生生涯教育课程在高中阶段算是一门新兴课程，它随着新高考改革的推进走进人们的视野。对于高中学生生涯教育课程的授课内容和方式，诸多学校尚处于摸索阶段，也仍未有官方发文的专门性指导纲要进行指导。大部分学校都通过心理教师来进行高中学生生涯教育课程的授课，但是高中学生生涯教育课程与心理健康课在内容上是不同的，心理健康课让学生感受自我，顺从本心，而高中学生生涯教育课程是引导学生在进行充分的自我探索和外部世界探索之后，对自己的未来有所规划。高中学生生涯教育课程需要借助一些专业性的工具和理论知识，从理性的角度去分析过去、现在、未来的状态，从而做出生涯决策。由此可见，高中学生生涯教育课程比心理健康课更需要理论知识的依托。我们在进行高中学生生涯教育课程的准备时，不仅要对生涯理论进行深刻的理解，而且要将生涯理论知识融入高中学生生涯教育课程中，让高中学生生涯教育课程拥有理论的支撑，更具专业性。

参考文献

[1] 缪仁票.普通高中生涯发展规划教育的探索[J].中小学信息技术教育,2018(2):148-150.

[2] 刘瑞颜.新高考背景下高中生生涯教育的意义及途径[J].教育科学论坛,2018(2):13-15.

[3] 王浩宇.普通高中生涯教育的应为,难为与有为[J].教学与管理,2022(12):47-49.

[4] 凌霄.全人发展视域下的高中生涯规划教育实践[J].成才,2019(7):11-13.

[5] 吴晓英.指向核心素养发展的高中生涯教育课程体系设计与创新(上)[J].教师教育论坛,2019(2):20-23.

[6] 马石宏.高中语文教学助力学生生涯规划教育的策略探析[J].学生电脑,2021(2):1.

[7] 顾雪英,魏善春.新高考背景下普通高中生涯教育:现实意义、价值诉求与体系建构[J].江苏高教,2019(6):44-50.

[8] 阮巧玲.依托学生社团,开展高中生职业生涯教育实践[J].中小学心理健康教育,2019(9):28-29.

[9] 王慧玲.高中生涯规划教育的重新审视与提升路径[J].教学与管理,2023(3):62-65.

[10] 宁连凤,朱婷婷.高中语文学科渗透生涯教育[J].大众心理学,2022(1):18-20.

[11] 陈新,祝宇.新高考背景下高中学生职业生涯教育现状与对策——以常熟地区为例[J].科教导刊,2022(29):149-151.

[12] 李芬青."校友生涯导师"在高中生涯教育中的探索[J].成才与就业,2022(S01):148-150.

[13]徐培耕,王珊珊.基于实践导向的高中生涯教育课程体系构建[J].中国科技期刊数据库科研,2022(9):151-154.

[14]王玉洁.高中生涯规划教育的实践探索[J].教学管理与教育研究,2022,7(15):115-117.

[15]刘婕.高中语文教学助力学生生涯规划教育的策略探析[J].中华活页文选:高中版,2022(16):3-5.

[16]尹贝贝.普通高中生涯教育的实施途径探索[J].西藏教育,2022(1):18-21.

[17]曹凤莲.由高中生涯教育谈心理健康教师专业成长[J].江苏教育,2022(16):10-13.

[18]黄凤培.普通高中语文学科渗透式生涯教育机制[J].中文科技期刊数据库(全文版)教育科学,2023(2):180-183.

[19]朱文斌,赖光明,周素雅."知·行·省"生涯教育模式对高中生生涯适应力影响的实践研究[J].中小学心理健康教育,2023(4):14-17.

[20]辛卫华.生涯教育在高中思想政治教学中渗透的探索与思考[J].求知导刊,2022(30):107-109.

[21]梁庆.在高中化学教学中开展生涯教育的实践探索[J].教育界,2022(30):35-37.

[22]娄金刚,徐兆军.感受生命拔节生长的力量——高中生生涯教育在学生管理中的应用[J].山东教育:中学刊,2021(18):15-16.

[23]王琪.普通高中化学教学中渗透职业生涯教育现状探讨[J].中国科技经济新闻数据库教育,2022(1):68-71.

[24]潘松.普通高中生涯教育的核心问题与有效对策[J].教学与管理,2020(4):23-26.

[25]李玥璇.生涯教育理论下高中生生涯教育校本课程的探索与实践[J].中小学心理健康教育,2023(2):56-59.

[26]张晶,弋媛.普通高中生涯教育学科渗透的开发路径[J].教育科学论坛,2023(2):34-38.

[27]张军学,张蕾.用生涯教育助推核心素养落地——陕西省高中生生涯规划教育课程以华清中学为例[J].教育现代化,2018,5(50):199-200.

[28]曹凤莲.依托"高中学生成长系统"促进学生发展的生涯教育实践探索[J].现代教学,2021(12):51-54.

[29]李世秀.新高考改革背景下高中语文职业生涯教育开展对策[J].今天,2022(7):61-62.

[30]蒋凤丹.高中地理学科渗透职业生涯教育的教学策略初探[J].现代教学,2022(3):37-40.

[31]罗玉,吴胜萍,刘忠勤.高中学生生涯规划教育存在的问题及原因[J].百科论坛电子杂志,2021(2):1168-1169.

[32] 孙林.高中历史教学中生涯教育的有效渗透研究[J].启迪与智慧：上，2021（12）：118-119.

[33] 陈晓影.高中语文教学助力学生生涯规划教育的策略[J].中文科技期刊数据库（全文版）教育科学，2021（8）：223-223.

[34] 马向阳，陈玲.高中生生涯教育的实践创新[J].教学管理与教育研究，2019，4（10）：103-105.

[35] 李占娟.新高考背景下高中生生涯教育的意义及途径[J].东西南北：教育，2020（5）：264-264.

[36] 陆海.对农村高中学生职业生涯规划教育的几点思考[J].甘肃教育，2019（13）：37-37.

[37] 庞茗萱，高维.新高考背景下高中生生涯教育现状调查——以天津市F中学和M中学为例[J].教育导刊：上半月，2020（7）：30-38.

[38] 何美龙.开展生涯教育，促进高中学生多元成才[J].教育家，2020（41）：62-64.

[39] 曹冬林.高中生"致远生涯教育"辅导体系的构建与实践[J].教学月刊：中学版（教学管理），2022（1）：93-96.

[40] 卢基敏，胡成姣.如何对高中生进行生涯教育[J].河南教育：基教版（上），2019（7）：139-139.

[41] 罗文成.高中语文学科教学渗透学生职业生涯教育的策略[J].试题与研究，2021（12）：1-2.

[42] 庞文英，王国龙，高艳山.新高考背景下高中生生涯教育的几点思考[J].中小学心理健康教育，2020（2）：30-33.

[43] 周玉泉.普通高中生涯教育渗透机制研究[J].广西教育，2021（46）：6-7.

[44] 石玉凤.高中地理课堂融入生涯教育的实践研究[J].现代农村科技，2021（11）：76.

[45] 范葳.生涯教育助推高中生理想教育的实践初探[J].中小学心理健康教育，2020（32）：16-18.

[46] 吴卓阳.高中生涯教育校本课程的内容与实践方法探究[J].天津教育，2020（4）：62-63.

[47] 何英.基于学校管理视角的高中生涯教育系统分析[J].产业与科技论坛，2021，20（11）：273-274.

[48] 陈春霞.在高中地理教学中融入生涯教育的方法研究[J].中文科技期刊数据库（全文版）教育科学，2021（1）：1-2.

[49] 蔡榕桦.生涯教育课程对高中生生涯认知发展影响探析[J].文学少年，2021（14）：1.

[50] 汪建平，刘江江.开展高中学生生涯规划教育的必要性[J].课程教育研究：学法教法研

究，2020（1）：1.

[51] 王晴.高中学生生涯规划教育的内容与方式研究[J].情感读本，2019（2）：125.

[52] 李曼.基于建构主义构建指向核心素养的高中生涯教育自修课程——以菏泽市山大附中实验学校为例[J].中文科技期刊数据库（全文版）教育科学，2021（3）：210-212.

[53] 施红娟.农村高中数学教学中如何落实学生职业生涯教育[J].数理化解题研究，2020（27）：34-35.

[54] 金林杰.新高考背景下高中生生涯教育的意义及途径探讨[J].新课程（下），2018（6）：58.

[55] 余巧仪.高中心理健康教育与生涯教育融合的有效探索[J].中小学心理健康教育，2021（27）：22-24.

[56] 张巧俐.浅谈高中地理教学中渗透职业生涯教育的策略[J].中学地理教学参考，2020（12）：21-22.

[57] 欧阳志斌，俞宏波.高中化学教学中融入职业生涯教育初探[J].基础教育参考，2021（8）：63-65.

[58] 黄洁.基于生涯教育理论的高中生抉择能力培养[J].科教文汇，2021（13）：158-159，180.

后　记

2014年，国务院发布《关于深化考试招生制度改革的实施意见》，标志着我国新一轮高考制度改革正式拉开序幕。其核心理念"分类考试、综合评价、多元录取"的人才选拔模式，呼吁人们要重视青少年的职业发展和终身教育。《普通高中课程方案（2017年版）》指出，"普通高中教育的任务是促进学生全面而有个性的发展，为学生适应社会生活、高等教育和职业发展作准备，为学生的终身发展奠定基础"。为了使学生、学校、教师乃至家长尽快地适应新高考改革对学生职业选择和终身发展带来的新挑战，急需推进和改善高中学生生涯教育。

高中学生生涯教育的核心是为学生的一生幸福和圆满发展做好准备，其主体是学生个人。学生要根据自身的兴趣爱好、特长发展乃至自身所处的家庭环境进行综合分析，强化个人认知、职业认知、理想认知并提升生活技能，来完善个人生涯体验。因此，高中学生生涯教育要充分调动学生的积极性和主观能动性，使学生主动地配合生涯测试和心理测量，对自身情况进行客观分析，积极收集相关资料和数据，规划属于自己的人生蓝图。同时，学生在逐渐丰富的生涯体验中也能更清晰地理解自身发展、外界环境与职业理想之间的联系，强化主体意识和自我认知。

高中阶段对一个人的一生而言是十分重要的，在新高考改革背景下，学校、家长、学生都要思考选科、专业、职业等生涯规划问题。但是，这并不意味着高中学生生涯教育可以简化为选科指导＋升学指导＋职业指导。高中学生生涯教育应指向人一生的所有角色、事件和环境对自身发展的影响。因此，高中学生生涯教育应是终身教育。

新高考改革要求学生在高中阶段就开始进行职业生涯规划。对此，教师应根据实际情况展开高中学生生涯教育，在不加重学生负担的情况下，让学生加强自我认知和学科认知，制订更适合自己的职业生涯规划。

当前，高中学生生涯教育的研究正逐步深入，就未来研究方向而言，纵向将逐步与大学生涯教育对接，横向将加大高中学生生涯教育课程开发、生涯教育课程实施与评价的研究力度。因此，一方面要善于借鉴国外成熟的高中学生生涯教育经验；另一方面要挖掘中华优秀传统文化的生涯智慧，形成本土化的高中学生生涯教育理论体系和课程体系。

由于笔者水平有限，书中难免存在不足之处。笔者在此恳请广大读者批评指正，笔者定会竭力完善。

宋　跃

2023年5月